出發

陳彥博——著

Run for Dream

引言

出發・Run for Dream

二〇一四年八月初，我從山上訓練結束返家後，正在房間搜尋比賽相關的資訊與情報，隨即就聽到爸爸在客廳呼喊：

「彥博，你幾月要去非洲比賽？」語氣有點著急。

「十一月啊，怎麼了？」擔心被爸爸碎碎唸的我趕緊回答。

「趕快出來看新聞！」爸爸焦急地喊著，並把電視轉得更大聲。

結果看到所有電視台的新聞正播報著：

「在非洲剛果共和國，出現了伊波拉病毒的病例，並且開始擴散到其他國家，死亡人數不斷增加，病毒會藉由體液、血液、唾液、汗水、淚水、精液、尿液或糞便傳播，也可經由食用或是接觸到被感染的動物而遭受感染……」

「你說要去非洲的哪裡？」爸爸緊張地問。

「布吉納法索，西非。」我才剛回答完，新聞繼續播著：

「伊波拉病毒潛伏期為二到二十一天，初期有突然出現高燒、無力、肌肉疼痛、嚴重倦怠、頭痛等症狀，接著出現嘔吐、腹瀉、腹痛、皮膚呈斑點狀的丘疹與出血現象。常被誤認為是感冒、瘧疾、傷寒等疾病，患者有六到十六天的時間能戰勝病毒，或是邁向死亡，致死率高達五〇％到九〇％，患者如果有強大免疫系統，獲得適當醫療照顧，存活機率將會提高……」

「還要去比嗎？這會死人耶！主辦單位有沒有停賽？」爸爸更焦急了。

病毒的初期症狀，幾乎在比賽疲憊狀態時都會出現類似的反應，也很難分辨。我趕緊寫信詢問主辦單位，而他們表示也正在評估中。

隔沒幾天，世界各地不時傳出可怕的恐怖攻擊，西非比賽地點附近的國家也很危險，我也感受到這一年來全世界有種不安全的氛圍，一些國家都被列為警戒區。我非常緊張，同時寫信與各國選手討論著，為了安全，我知道勢必不該前往參賽，但還有三個月，世界萬變，也許會平息，不過想那麼多也沒用，還是先做好該做的準備，就是繼續訓練。

這段時間一直帶著許多疑慮，也密切觀察國際新聞，直到十一月初，病毒疫情稍微緩解，這才讓大家鬆了口氣，機票、簽證、保險、疫苗、飯店都搞定了，正準備要出發參賽的一個禮拜前，卻看到新聞播報比賽的國家布吉納法索發生政變暴動，全國變成無政府狀態，機場關閉、罷工，並有多起暴力事件……這下子我真的慌了，幾小時後，電子信箱收到主辦單位的來信：

「各位參賽者，由於目前比賽地點被列為警戒區，我們正在與當地政府聯繫，會在今天告訴大家，賽事繼續舉辦與否。」

看完訊息後，已經到了下午的訓練時間，心情變得很矛盾，說不上來的奇怪感，不過最擔心的，還是我爸媽擔憂的表情。

訓練結束後晚上回到家，信箱裡多了一封郵件，是主辦單位的來信：

「各位參賽者，我們決定延期今年的非洲賽事。關於這陣子恐怖組織和伊波拉病毒相關的問題，我們一直持續與當地政府聯繫，皆得到一切安全與能夠舉辦這令人放心的答案。但今天的情況有所不同，布吉納法索發生了內亂，使該國陷入了特別不穩定的政治局勢。在這種情況下，我們以選手的安全為第一優先考量，我們了解這決定令人非常沮喪，因為相信你們已經為準備參加賽事花費了許多的時間與精力，而我們的準備工作也已持續幾個月……還請大家諒解。」

我完全清楚了解也支持這樣的決定，但參賽超過十年，第一次面對這樣停賽的情況，心情真的非常沮喪，也不知道該怎麼調適，投入了半年時間的準備與訓練，突然成了一場空，只好將目標趕緊轉移到四個月後，也就是二〇一五年的四大極地撒哈拉沙漠約旦的賽事。

四大極地賽，這計畫是我從二十歲就開始的夢想，但從來都不敢開口和任何人說，因為知道自己的經驗與能力根本不足，能夠完成已經相當不容易，根本沒有想過要拚冠軍這回事，一直到二〇一三年完成了世界七大洲、八大站極地超馬賽事後，累積了多場國際賽事的經驗，成績開始進步後，我突然開始懷抱這個遠大的夢想。是時候了，這十年，一直放在心裡而默默努力著。

好！有了新目標，重新投入訓練，再度把機票、簽證、保險、疫苗、訂飯店……諸多準備工作搞定，但萬萬沒想到！出國比賽前一個月，新聞播出近來造成國際恐慌的中東聖戰恐怖組織伊斯蘭國，不斷擄人、殺人、威脅的行徑，以及火燒約旦飛官的可怕消息，「不會吧……」我心裡碎唸著，一個禮拜後，收到主辦單位的來信：

「親愛的參賽者，相信您了解到最近約旦的事件，參賽者的安全絕對是我們的首要任務。評估後，我們非常遺憾地決定取消將於三月在約旦佩特拉舉辦的撒哈拉沙漠賽事。我們知道所有人經過多個月的訓練，已經為比賽而做好準備，但是我們以您的安全為第一要務，希望您理解我們的決定。」

心頭一裂，喔喔喔喔喔喔喔喔～～天啊啊啊啊！訓練了足足七個月，連續兩場國際賽事竟然都停賽，這一切是天意嗎？雖然競賽地點在約旦境內的荒野沙漠，發生意外的機率較低，但如果不幸出事必會造成無法想像的巨大傷亡，尤其有三十五個國家、二百三十三位選手，到時可能變成全球的國際救援事件……

下一場戈壁賽事還要再等三個月，我已開始消極吶喊，小幫手 Etta 很厲害，馬上幫我轉念說：「別沮喪了，你想想看，這兩場賽事停賽，還好不是飛機降落當地才發生，不然機票、飯店的費用也全沒了，而且如果因機場關閉滯留，你也可能回不來，這已經很幸運了！」

好吧，小幫手幫我調整情緒之後，我們一起看著賽事網站發呆，我依然在碎碎唸，原定在二〇一五到二〇一六兩年要完成四大極地的計畫，現在訓練方式全都亂了，也絲毫沒有任何耐心再等待，突然間，一個瘋狂的想法在腦中出現，小幫手驚訝地看著我說：「你確定!?你一場比賽回來就很疲憊了！這樣身體承受得了？」

我馬上寫信給主辦單位：「我想要在二〇一六年，挑戰完成四大極地所有的賽事。」

按下滑鼠鍵「答」一聲送出，隔了幾秒，喔，不！我突然有點後悔，不知道哪裡來的衝動和勇氣敢這樣做，一年兩到三場長距離的超馬賽事，對身體的負荷已經相當大，也需要一段時間休養，更何況一年連續拚四場，嗯……不然，趕緊和主辦單位說我寄錯信好了。

幾小時後主辦單位回覆：「Tommy，如果你有一年內完成四大極地賽事，並且取得總冠軍的計畫，那將是令人振奮的消息，目前還沒有亞洲選手辦到，我們非常期待你的表現，如有任何問題，我們會盡力協助你。」

小幫手 Etta 在一旁瞪大眼起鬨鼓掌說：「真的假的啦！你這決定超拚，按下發送信件那

一瞬間，突然覺得你好man，夠帥！」

我回：「原來man只有那一瞬間嗎？……不過帥是一定要的，實際多慘就不知道了……不管啦，拚了！」

與我一起訓練的紐西蘭越野跑者Ruth聽到我的計畫後，大聲笑說：「天啊，太瘋狂了，你到時候一定會很討厭跑步，這一整年都在訓練與比賽，一場接一場，根本沒得休息，吃的食物都是那些可怕的東西，你一定會很厭倦跑步的，哈哈哈。」

有句話說，危機就是轉機，設定讓自己有點害怕的更大目標，才能驅使自己注入更多動力與執行力。

於是，累積十年的夢想，

四大極地總冠軍賽，

這瘋狂的計畫，

出發！

Run for Dream！

就此展開。

關於比賽

四大極地大滿貫總冠軍賽

（4 Deserts Grand Slam Champions）

第一站：非洲納米比亞沙漠
第二站：中國戈壁沙漠
第三站：智利阿他加馬沙漠
第四站：南極洲

四站賽程皆為兩百五十公里。

每一站參加的選手必須背負七天所有的食物和強制裝備（包含睡袋、睡墊、急救毯、醫療包、頭燈、電池、指南針、瑞士刀、2L飲水系統、鏡子、彈性繃帶、保暖衣服……等），

獨力完成七天六個階段兩百五十公里（一百五十五英里）的賽事，主辦單位只提供每天在檢查站的飲水一・五公升、抵達基地的帳篷、熱水和醫療服務。

・二〇〇二年　由美國的 Mary Gadams 所創建。
・二〇〇三年　第一場賽事在中國敦煌舉行。
・二〇〇四年　該系列賽擴大到智利的阿他加馬、埃及的撒哈拉沙漠。
・二〇〇六年　舉辦南極洲賽事。

之後開始每年舉辦一次。

由於北非的政治局勢不穩定，撒哈拉賽事從埃及改為約旦，再轉換為納米比亞。至二〇一八年，已經進行了十五年、五十六場比賽。有來自一百多個國家的近萬名參賽者參加。

這些比賽也獲得了全球媒體的關注。《時代》雜誌連續兩年將其評選為全球十大耐力賽之一。

目錄

第二站 戈壁沙漠

photo by RacingThePlanet

第三站 阿他加馬沙漠

第四站 南極洲

這世界上，沒有所謂的**征服**，
而是**虔誠用自己的肉體去感受**，
這**大自然的力量**。

photo by RacingThePlanet

夢想不是一個人的事，
當你專注在追求你的夢想時，
你可以帶給更多人正面力量改變自己。

四大極地
大滿貫總冠軍賽

2016 4 Deserts Grand Slam Champions

第一站

納米比亞沙漠
NAMIBIA DESERT

| 總里程：**250km** ／天數：**7** 天 |

Day 1	37km
Day 2	42km
Day 3	42km
Day 4	41km
Day5-6	77km
Day 7	10km

[溫度 **]**

最高 **38**℃，最低 **2**℃

路線最高點
600 公尺

路線最低點
0 公尺

STEP 1 找贊助是一場會前賽

出發的第一步，就是必須先繳交所有的報名費，還有處理機票、交通、住宿、裝備、保險、醫療、補給、攝影師、移地訓練、後勤團隊、影像紀錄、防護治療、生活費等等事項，一整年度的巨額開銷……嗯，看到這巨額數字，我嘴巴微開、手微抖，要籌募這費用壓力真的很大，每次年底賽季結束後，總想休息、想放鬆、想喘口氣，但往往無法如願以償，結果都是一邊繼續訓練，一邊重新開始找贊助。

我坐在電腦桌前敲打鍵盤，製作贊助企畫書、訂購國外裝備、念英文、忙著各種瑣碎事務，看看時間，常常都是半夜了，才拖著疲憊的身軀上床睡覺，清晨卻還是一樣得督促自己起來訓練，不斷重複這樣的日子。

常常還是會聽到有人對我說：「哇，你贊助很好找吧？比賽獎金是多少？現在代言很多吧？都很順利吧？」一聽到這些問話，確實有點無奈與氣憤，因為人們總是看到表象。

不！還是一樣，一切得重頭開始，彎下腰，重新一家家打電話、寄信找贊助。

一樣被洗臉（羞辱的意思），只是不再是一個人被洗，而是和小幫手一起，一切都沒有改變，但這幾年的努力很幸運地，爭取到多一點面談機會。

「贊助你的這些費用，倒不如去和網紅或是藝人合作，曝光度也更高，你們運動員也無法提供什麼產值。」

聽完內心確實受傷了，但也只能摸摸鼻子繼續找下一家。

「我們可以贊助你，但是要獨家擁有你過去這十年所有的比賽紀錄與影像，提供我們產品做使用。」

怎麼可能，這些是我最珍貴的回憶啊！

或是廠商約了中餐的會議，過程中對方都在聊團購買了什麼，我完全接不上話，吃飽後終於切入賽事正題，我趕緊把準備好的電腦拿出來，廠商馬上說：「不用了，不用了，我們吃飯就好，接著是甜點吧，這家甜點超好吃喔。」接著一直插話打斷我，完全不讓我說賽事規畫，彷彿我們是隱形人似的。會面結束後則是音訊全無，卻看到對方在網路上貼出合照發文：「中午與極地超馬好手吃飯，支持台灣運動員。」

早些年，會不甘心，也會很難過，也許是自己還不夠努力，無法被認同，但想想還是有很多支持運動員的廠商與朋友陪我走到現在，轉念一下，這些都變成繼續往前的動力。（尋找贊助的過程可參考第一本書——《零下40度的勇氣》）

天籟的鈴聲，天使的信差

二〇一六年初，找了快三個月的贊助，依然還沒有廠商回覆，對信心的打擊相當大。

隔幾天，電話響起，從二〇一四年開始贊助的安麗紐崔萊，傳來連續第三年繼續全力支持的訊息，並提供全面的營養品作為我最佳的後援，陳惠雯總經理說：「彥博，我們會繼續支持，是因為你對夢想的堅持與態度，希望能給社會注入更多正面的力量。」

隔一週，信箱出現了一封信件，我與小幫手打開一看，上面寫著：「您好，因為看到彥博二〇一六年預計挑戰全球四大極地總冠軍的訊息，『森林跑站』非常認同彥博一直以來付出的努力以及運動家精神，請問贊助有著落了嗎？森林跑站負責人——蔡宜玫。」我們兩人互看了一下，心想：「真的假的!?」

隨後約好了開會的時間，在大安森林公園旁，我們帶著緊張的心情前往簡報，沒想到，森林跑站決定贊助二〇一六年的賽事計畫。而從二〇〇九年開始支持的 The North Face 戶外冒險裝備公司也來信告知，今年他們也會陪我全力以赴，以及恆隆行陳政鴻董事長、發想國際 Bliiq 陳彬弘執行長也熱情支持，終於！心裡的大石頭放下了，一整年終於能放心準備，全心投入訓練準備四大極地賽事！

提前抵達納米比亞進行沙漠訓練，適應地形。

挪威 160 公里 non-stop 賽事。

美國 G2G 賽事，打敗 MDS 撒哈拉沙漠冠軍選手 Mohamed，贏得第一座國際賽總冠軍。

充滿抗體的超級賽亞人

為了準備四大極地賽一整年所需的耐力與嚴苛訓練，二〇一五年，我安排了六月挪威一六〇公里、九月美國G2G二七三公里、十一月非洲二〇〇公里連續三場的比賽，這些短時間內高強度參賽、密集磨練的實戰經驗，雖然非常疲憊，但最終兩場力拚奪冠，也感到體力源源不絕的力量與信心，幾乎每週都上高山、拉長公里數，練得相當扎實，我想，我準備好了！

由於前往參賽的地點都在荒野，依照疾病管制署的建議施打疫苗，這幾年出國比賽，最怕打針的我，哀哀叫挨了很多針。黃熱病、A型肝炎、傷寒、腦膜炎、三合一疫苗、瘧疾藥物……等，針都打在肌肉，這種是最痛的針，但還好溫柔漂亮的小護士打針速度超快，「陳先生～～來～～深呼吸～喲～～」我都來不及喊痛，啊!?已經打好了!?

我幻想自己是超級賽亞人，體內應該有很多抗體，百毒不侵。

非洲布吉納法索賽事，和當地居民合影。

STEP 2 踏上納米比亞憤怒道

最初的撒哈拉沙漠超馬賽事地點為埃及，但因為政治動亂改至其他地區，二〇一五年改到約旦，卻遇到伊斯蘭國的恐怖攻擊事件，賽事大會考慮選手人身安全，便將地點改到非洲西南部較安全的地區，就是有約一億年歷史，全世界最古老沙漠之一的——「納米比亞」。

「喔喔！好熱！」炙熱的太陽把我晒醒，眼睛睜開，哇！機窗外整片全是一望無際的沙漠！這一個遙遠神秘的地理環境，只在教科書上看過，我突然想起小時候看過一九八〇年的電影《上帝也瘋狂》，從天而降的可樂瓶打破非洲原始部落的平靜生活，那荒野沙漠壯闊的畫面湧上心頭。同時這裡也是電影

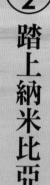

《瘋狂麥斯：憤怒道》拍攝的地點，對於許多戶外的冒險故事，小時候我總是充滿著許多的想像與嚮往。

「嗯……行李呢……？」在行李轉盤旁等待了半小時，人群全都散去，天啊啊啊！不會吧！我的兩大袋裝備行李竟然沒有到，裡面全是比賽用的補給食物、替換衣服、一些強制裝備，而它們還在南非約翰尼斯堡。航空公司向我道歉，說要下一班飛機才會送達並幫我送到飯店，在還沒比賽緊張不安的狀況下發生這樣的事情，我真是急到跳腳了。

每天早上訓練完，沒衣換渾身充滿男人味，我都趕緊到櫃台詢問行李的下落，但遲遲沒有消息，我焦急到幾乎沒辦法睡好覺。三天後，兩袋行李終於出現在大廳，我驚喜得像孩子一樣又叫又跳，讓工作人員在一旁大笑，終於能夠放心地比賽了。

photo by RacingThePlanet

好漢齊聚，勁敵現身

會議室擠滿了四十多個國家、兩百多位選手，我緊張兮兮地找了後方的椅子坐下，努力聽著英文的賽前簡報，包含裝備檢查、安全事項、賽道標示、氣候環境等。「每隔十公里將設有一個檢查站遮陽，提供一．五公升的水分，並聽取接下來天氣變化的資訊，如強風、雷暴、高溫、沙塵暴、霧等。檢查站同時也是醫療中繼站，醫生會確認每位選手的身體狀況，確保你們能夠繼續完成比賽。如果發生極端的惡劣天氣，我們隨時會展開防護網，啟動後勤機制確保選手安全。」相當專業完善，而全場大家都緊張得鴉雀無聲。

進入比賽地點「骷髏海岸」，也被稱為地獄之門，讓人產生許多聯想與緊張感。

「賽道標記每隔一百到二百公尺，會用插在地上的小粉紅旗標記，有時特殊地形會用粉紅絲帶、粉筆噴霧、反光膠條、螢光棒作為標記，如果你超過十五分鐘沒有看到標記，就代表一件事，你迷路了！請不要繼續往前跑推估方向找路，停下來冷靜，接著原地折返照著自己的腳印往回跑，直到看到上一個標記，否則，你可能偏離主要方向，迷失在沙漠中。」

前四天，每天幾乎都是全程馬拉松四十二公里的距離，接著在第五天，甚至快達到連續跑兩個馬拉松七十七公里，稱為長賽段（Long Day），看來體力必須分配好，才不會出意外。

結束後準備離開前往基地營，大家紛紛擠上大巴士，希望取得不會暈車的好位子，這時突然聽到很多掌聲，一位穿著亮橘色運動服的嬌小選手上了車，大家七嘴八舌地談論著，原來他就是日本近幾年的超馬新星——飯野航（Iino Wataru），三十六歲的他實力相當堅強，除了是二〇一五年日本富士山五湖賽冠軍，也在各個國際賽中名列前茅，將是這次可怕的勁敵。看來，我的目標已經相當明顯了。

沙漠寒夜中的暖意

離開了斯瓦科普蒙德鎮，四周馬上變成人跡罕見的沙漠。四個小時後，我們終於抵達主

火，具有力量與溫度，在黑夜中，和選手們靠著堆火取暖，分享不同的人生經驗。

養精蓄銳準備第一天的賽事。

夜晚發亮的帳篷，讓人感到一絲溫暖。

辦單位搭建的基地營，下車後當地部落的原住民正等待著我們，用熱情的舞蹈、動人的歌聲，歡迎我們來到納米比亞沙漠。但沙漠中颳起的強風實在太冷，我趕緊前往尋找我住的帳篷，是座綠色的軍用簡易帳篷，也就是我們接下來七天的家。主辦單位會替選手安排住宿室友，一個帳篷十人，我每次都期待認識新朋友。

「Tommy！你來啦！嘿！這裡這裡，這個位置不錯！」咦？奇怪，怎麼有人會說中文，而且還認得我，原來是在香港工作的台灣人——Jason 大哥、Jasmine 姐，先前就注意我比賽的消息，這次也一起來參賽，太好啦，這下有了濃濃的親切感。

氣溫越降越低，我吃了高熱量晚餐後，八點就早早回到帳篷裡，躲進睡袋中，養精蓄銳準備展開第一天的賽事。

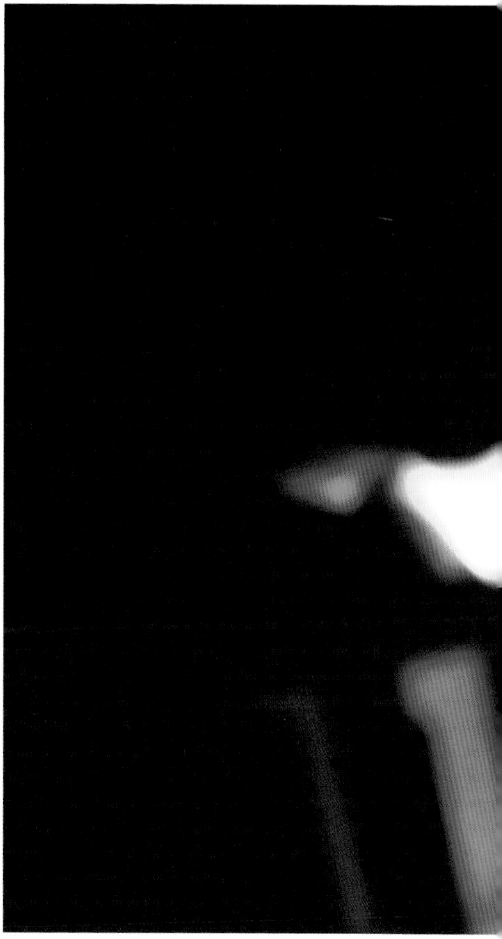

當地原住民熱情的迎接。

破曉前的蓄勢待發

「唰、唰！」我被塑膠袋和嘰嘰呱呱的說話聲吵醒，看手錶才四點左右，八點才起跑，就已經有人起床整理裝備了，不斷重新打包又檢查，我可以了解這種緊張感，以前我也有過，就怕漏了一項東西沒準備，但也未免太早了，我繼續縮在睡袋裡，盡量多休息一點時間，照自己累積的經驗：

賽前八十分鐘起床，處理大、小便，裝熱水、準備早餐。前六十分鐘吃完早餐，讓食物消化一小時，接著整理裝備、回到睡袋保持溫暖。前三十分鐘換比賽衣服、收睡墊、擦防晒乳、打包所有裝備。前十分鐘前往起跑線。不浪費多餘的體力與等待，一切準備就緒，隨時蓄勢待發。

賽程中黑背胡狼躲在一旁看我，是在替我加油嗎？

大會所提供睡覺的簡易帳篷，就是我們七天的「家」。

photo by RacingThePlanet

在沙漠與礫石的賽道，奮力追趕前方選手。

STEP 3

強悍的對手，奇妙的觀眾

「3、2、1！Go！」我跑出了第一步，開始了，等待了十年的夢想，沒想到我此刻真的在這裡。率先衝出的是日本選手Wataru，日本大軍與各國選手都緊跟在他身後，以及三十七歲廣受注目的美國特種部隊Kyle。第一集團速度之快，彷彿火箭似地向前衝讓我有點措手不及，我排在集團最後一個，第十六名。

果然是四大極地賽事，參加的選手都相當強悍，但我沒有被影響，累積許多經驗的我，照著自己的計畫，不斷保持他們在我的射程範圍內，讓身體先預熱暖身，接著慢慢穩健地追上。過了十公里的檢查站，我將速度開始提升，慢慢追到前方的選手，緊跟在後方降低風阻以節省體力。抵達二十公里，狀況相當不錯，是時候了！瞬間像手排車一樣打

photo by RacingThePlanet

到五檔，開始急起直追，當我一個個超越前方的選手，動力就越來越強，越來越有自信，追到第二名時，已經可以看見 Wataru 就在前方不遠了，我不斷地全速逼近他，抵達第一天三十七公里的終點，只落後他一分鐘，成績兩小時五十九分，我看了看手錶時間，對於在沙漠中達到這速度有點吃驚，才第一天，還必須背負八公斤的裝備，是有一點太快，才這麼想，右腳大腿突然有點僵硬感，可能是負擔太大的關係。這時 Wataru 過來和我擊掌握手，我往前跨一步擊掌後，大腿突然抽筋跌倒，馬上轉身假裝蹲下來伸展。

「啊！你還好嗎？」

「非常好，我想先伸展為明天做準備。」我冷靜酷酷地説。

「你説的對，真是好主意。」他也跟著伸展。

許多後方選手抵達後也跟著我做，不管啦，面子重要，耍酷第一。

孤軍對抗軍團

第二天賽道先是轉往左邊海岸線，幾乎都是軟沙，讓前進更加耗費體力，空氣中傳來一陣陣的腥味，我往左邊一看，海岸線被數百隻海豹盤踞著，正好奇地看著我們。右轉再度進入沙漠，我與 Wataru 不斷前後互相較勁，競爭相當激烈，直到最後五公里，我突然一陣暈眩無力地被拉開，結束戰局，總時間只差十分鐘，但對我來說，一切依然還有機會。

第三天出發後，溫度越來越高，日本大軍突然出現在前方，集團式使用戰術策略，輪流變速跑，逼使我的路線踩到軟沙而消耗體力，讓我難以接近

每天都與 Wataru 激烈地較量著，直到最後一刻。

比賽中唯一的觀眾，海豹。

Wataru。想結盟其他國家選手一起突圍，但回頭看都離我有一小段距離，只能孤軍奮戰，壓力相當大。二十公里後，我費盡力氣才甩開其他日本選手，跟上Wataru，為了追趕他，我在每一個檢查站補水都不到十秒就出發，根本沒有休息，冒險減少水分的負重與補充，導致有點脫水的狀況，尿液變成深黃色，還好及時補充水分與電解質，喝了四．五公升的水才慢慢排除脫水的狀況，第四天也持續著一樣的戰局。

我在終點休息看著日本選手有一群夥伴一起參賽，一起聊天，這時候，長年總是獨自一人比賽的我感到相當羨慕，有點落寞與孤單，「能有個夥伴多好呀。」

辛巴族的婦女，眼神中流露著大地的智慧。

沙漠地平線上的紅人身影

下午休息後我走出帳篷外，突然出現了許多紅色皮膚的原住民，坐在一旁好奇地看著我們，詢問南非選手才知道，他們是辛巴族，也被稱為「紅人」，在這荒野沙漠為了抵禦烈日曝晒，以及不被蚊蟲叮咬，會用當地的紅石頭磨成粉末後，與牛油攪拌成膏狀，用海綿塗抹在全身與頭髮上，因此，辛巴人的皮膚永遠都是紅色的。

他們崇拜祖先、以火為信仰，是非洲最後保持原始生態的民族，為了維護他們五百年前的生活方式和習俗傳統，選擇生活在偏遠、未被破壞的原始環境中，而人口不斷銳減導致這文化正逐漸消失，我們的紮營地點，恰巧在他們部落附近，我左看右看，除了一望無際的沙漠，其他什麼都沒有，實在很好奇他們到底從哪裡來的。

落日將盡，他們起身離開，我看著他們的背影慢慢消失在夕陽中，感受到生命的力量，想到隔天就再也看不到他們的任何蹤影，深覺自己何其有幸，在這沙漠中看見與接觸這可能即將消失的原始部族，也感受到自己的渺小。

可愛的辛巴族小孩。

STEP 4 勇敢大地下的勇者們

「Tommy！我幫你看了成績，總時間差距三十二分鐘而已，你可以的，我們相信你的實力。」「這一天才是關鍵，仍然有機會，有什麼我們可以幫你的，Tommy？」

第五天七十七公里長賽程出發前，同帳篷的 Jason、Jasmine 對我鼓勵說著，我心懷感謝。

每當遇到強勁的對手，我永遠不服輸！不會只是跟在後方而已，面對挑戰產生行動力，比想像還要重要。出發後三十公里我不斷施加壓力，領先拉開 Wataru，增加攻擊次數，他知道今天是我最後的機會，便不斷展開白熱化的拉鋸攻防戰，誰也不讓誰，看誰先倒下。隨著將近正午，氣溫不斷飆升到三十八度，我開始感到今天的炙熱，不過都還在能忍受的範圍。

四十五公里處開始，我們從沙漠進入無數個高低起伏的沙丘地形，而且越來越陡峭，將近傾斜，我得避免腳底與沙丘的接觸時間過長，導致沙地下陷崩解，這不但耗費體力，更會拖垮速度。連續快速攀爬快把我逼近了極限，低血糖症、腳趾四個指甲脫落流血、大腿僵硬、呼吸急促，幾乎快把我的意志擊垮，一路往制高點爬升，我們依然沒有分出勝負。

photo by RacingThePlanet

地獄之門般的終點

除了Wataru驚人的耐力與肌力，真正讓我感到最驚訝的，是日本國家電視廣播公司NHK出動數十人的團隊拍攝，製作《Great Races》這個電視節目，而且竟然是用跑的跟在我們旁邊拍！重點是——還跟得上！每五到十公里換一位攝影師用跑的繼續跟，並且對於所有的地圖與地形情報都瞭若指掌，日本人的細心與執行程度令人讚嘆。

好不容易攀爬到了沙丘的最高點，最古老的沙漠在我眼前鋪展開來，隨著日照的時間不同，沙漠不時轉變顏色，獨一無二的沙漠景觀，為這個賽事增添了神秘的色彩。耳邊出現「搭搭搭」的巨大聲響，一陣強風從下方吹襲而來，頓時沙塵飛揚，一台日本攝影團隊租用的巨大直升機，慢慢飛起出現在我們的前方，並盤繞著我們用各種角度拍攝，我無法想像眼前的場景，他們就像特種部隊一樣，陣容大到無法想像。

最後二十公里，賽道再度轉往海岸的方向前進，原本炙熱的天空被雲霧開始籠罩，吹起了大西洋的海風，白浪打著，海岸顯得非常荒涼，卻又異常美麗。

「咖！」一個聲響，腳下不知道踩到什麼，低頭一看，哇啊啊啊！是骨頭！

賽道經過一艘艘的船隻殘骸，總是令人好奇這裡發生的一切神秘故事。

當地原住民告訴我，這裡被稱為世界最恐怖的沙灘——「骷髏海岸」，有暗流洶湧的交錯水流、八級大強風長年呼嘯、海面下隱藏著暗礁，飄著蒙蔽視線的海霧，是造成船隻出事的主要危險源，海岸上有超過一千艘沉船殘骸，並散落著過去捕鯨及獵捕海豹船員的累累屍骨，也流傳著許多可怕的傳說，甚至有飛機失事墜落在此附近，至今飛機殘骸仍沒找到。當地人稱這裡是憤怒的土地，而葡萄牙的水手曾將其稱為「地獄之門」。

黃昏將至，代表著賽程即將結束，大風吹起流動的沙丘，風中發出隆隆的呼嘯聲，讓人產生一種不

photo by RacingThePlanet

想在競賽中領先，每一天都必須承受極大的壓力，
保持高抗壓、沉穩、耐性、耐心地面對各種挑戰。

寒而慄的感覺。低血糖症的可怕暈眩感再度襲來，體力快速耗盡，我的身體任憑寒冷的海風吹襲，終點彷彿遙遙無期。

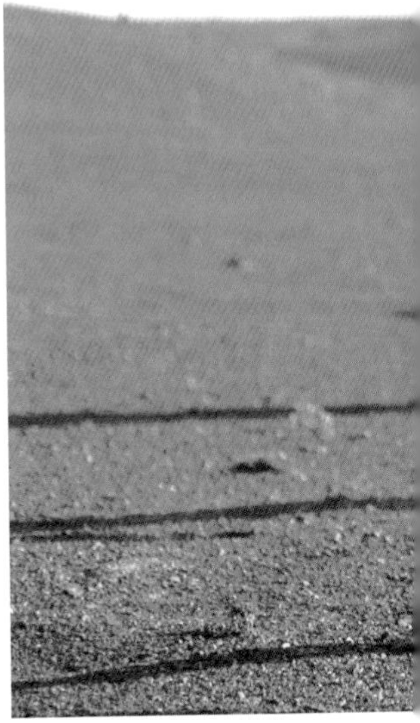

願成超馬界的「百歲蘭」

夜空掛上黑幕，我戴上頭燈，不時看見地上出現不起眼的長條植物，那是這次比賽最期待看到，從遠古時代留下，只有在古老沙漠才會找到的「百歲蘭」。其一生只有兩片葉子，是壽命最長可到兩千年的活化石，利用地上攀延的生長狀態，生長在惡劣的環境。葉子裡有許多特殊的吸水組織，使它能夠吸取空氣中的少量水分，耐住極度的乾旱，是世界上最珍貴的植物之一。

大自然嚴苛環境中的生命奇蹟，也默默地鼓勵著快支撐不下去的我，我不斷呼喊著自己的名字：「陳彥博！撐住！第一站要完成了！你做得很好！百歲蘭能超越一般植物能夠耐受的極限，你也可以！」試著鼓勵自己要支撐下去。

最終第一站賽事，我以總成績第二名坐收，在終點處，我與Wataru割下肩上的國旗彼此交換，敬台灣與日本的友誼，以及我們七天一同奮戰的回憶。我也向他學習永遠保持樂觀的笑容與正面的心態。

原住民唱著當地歌謠〈勇敢之地〉迎接所有的跑者回來：

「納米比亞，勇敢的大地，我們在爭取自由的鬥爭中贏得勝利，光榮歸於那些為自由浴血奮戰的勇士，我們奉獻愛心與忠誠，團結在一起……」

抵達終點這天，剛好是母親節，我想起在臺灣的媽媽，帶著喜悅傳訊息給她：

「媽媽，我在非洲沙漠中比賽，一切平安不用擔心，拿到了第二名，這榮耀送給您，母親節快樂。」簡訊傳

與 Wataru 合影。

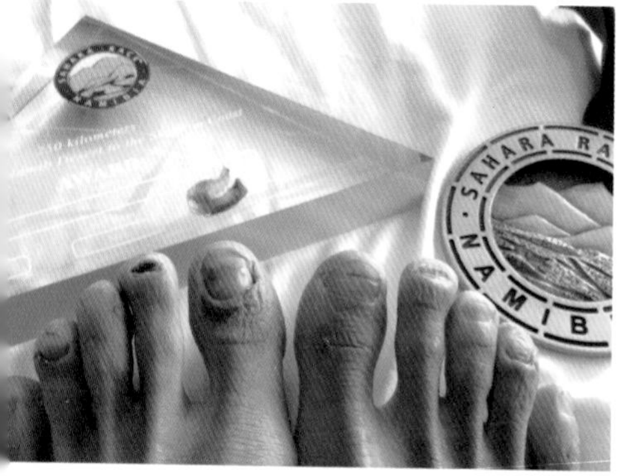

身體很多傷痛，但卻給了我人生最棒的不同體驗和美景。

最終日我與 Wataru 同時抵達終點，建立彼此深厚的友誼。

出後，對於家人，由於過往父母親的不認同，彼此心裡還是有一點疙瘩，我想，就用今年的賽事成績來證明給他們看吧。

低潮；撐過，

挫折；熬過，

痛苦；挺過。

這一切都會有結束的時候，也是成長的必經過程。

每個人，都應該要為自己的理想、人生奮鬥。

並且，用一輩子，去投入。

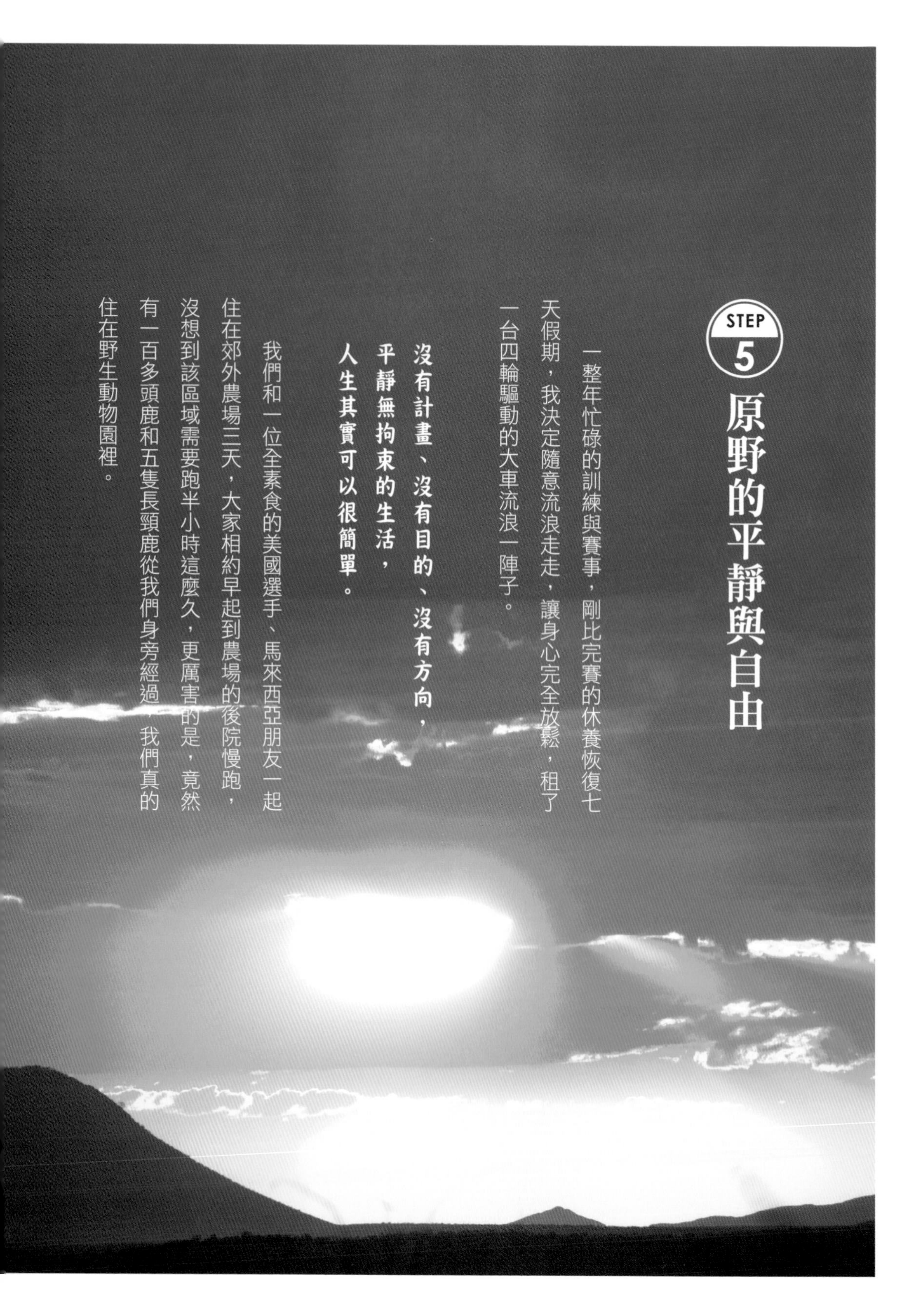

STEP 5

原野的平靜與自由

一整年忙碌的訓練與賽事，剛比完賽的休養恢復七天假期，我決定隨意流浪走走，讓身心完全放鬆，租了一台四輪驅動的大車流浪一陣子。

沒有計畫、沒有目的、沒有方向，
平靜無拘束的生活，
人生其實可以很簡單。

我們和一位全素食的美國選手、馬來西亞朋友一起住在郊外農場三天，大家相約早起到農場的後院慢跑，沒想到該區域需要跑半小時這麼久，更厲害的是，竟然有一百多頭鹿和五隻長頸鹿從我們身旁經過，我們真的住在野生動物園裡。

接下來幾天開了七百公里，前往面積達台灣三分之二大，是世界上唯一沙漠地形的野生動物棲息地，有一百多種哺乳動物、三百多種鳥類的「埃托沙國家公園」，其意為「廣大而終年乾旱的白色大地」。

城市的動物園是人去看關在柵欄裡的動物，而非洲的動物園則是動物看被關在車裡的人類。動物完全野放生活，所以遊客進了保護區後，嚴格禁止下車，除了保護動物不受到干擾外，就怕你發生意外變成了野獸的獵物。參觀的方式是動物尋蹤，駕車前往每一個池塘停留，尋找動物們的蹤跡。

欣賞野生動物的同時，才知道納米比亞制定了嚴格的法律保護野生動物，也是第一個把環境保護列入憲法的國家，我感受到野生動植物在這國家的重要性，也是我們台灣社會所欠缺的生命教育。

我嚮往的，是自由，離開都市束縛的真正自由，在大自然中的快樂，讓我找到平靜與謙遜的力量。

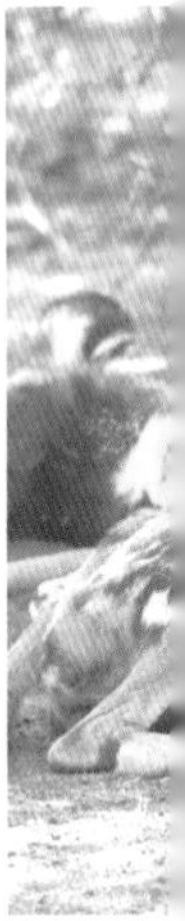

孤單是一種狀態，
寂寞是一種心態。
我或許孤單，
但我並不寂寞。

全力以赴永遠是
唯一的選項，
就算是失敗也在所不惜。

eneloop

四大極地
大滿貫總冠軍賽

2016 4 Deserts Grand Slam Champions

第二站

戈壁沙漠

GOBI DESERT

｜總里程：**250km**／天數：**7** 天｜

Day 1	34km
Day 2	40km
Day 3	43km
Day 4	42km
Day5-6	80km
Day 7	12km

［海拔高度］戈壁沙漠 **7** 日賽路線，
海拔總爬升 **2,400** 公尺、下降 **3,700** 公尺。

路線最高點
2,700 公尺

路線最低點
190 公尺

photo by RacingThePlanet

4 deserts
atacama.sahara
gobi.antarctica
THE NORTH FACE

photo by RacingThePlanet

STEP 1 回首跑步生涯路

「媽媽！媽媽!!我剛剛比完一萬公尺決賽，拿到全中運金牌了！全國冠軍!!」

「喔，辛苦了。恭喜喔，之後還要繼續比賽嗎？」媽媽冷淡地回應。

「爸爸！我在花蓮比全國賽！剛剛拿到高中一萬公尺冠軍!!」

「嗯，很好啊，嗯，跑到這樣很不錯了，也該停下來為未來著想了。」

「嗯。」我靜靜地掛上了電話，從他們的聲音中，我聽不出有任何喜悅，心裡也早就預期會有這樣的回答。

看著其他隊友打電話回家，聽他們和父母說說笑笑的，我的心裡深處，有種說不出的難過和傷心。

記得，我國小時很愛畫畫，得到全班第一名後，老師幫我報名劍潭捷運站的畫畫比賽，隔幾天，媽媽帶我在一旁的停車場邊坐下，這是我第一次參加畫畫比賽，帶著興奮的心情拿起筆，畫出想像的樣子。沒多久，旁邊的阿姨問我們說：「你們也來參加畫畫比賽嗎？」接著媽媽看著對方小孩的畫，再看看我的畫，感覺落差很大，沒多久，截稿時間還沒到，看得出來媽媽相當不開心，叫我把東西收一收，我們就回家了。在機車後座，我的眼淚不禁流下，我的畫都還沒完成，為什麼要離開，是哪裡做錯了……

每次國中月考，要公布發考卷時，我總是害怕地閉上眼祈禱及格，只要未滿六十分，我總是故意很晚回家，就怕被爸爸用皮帶鞭打，或是用水管抽打腳底板，一分打一下，被打到常常蜷曲在角落求饒，全身一條一條的傷痕，洗澡走路都會痛到難以忍受。

有一次，我英文真的是好不容易考七十三分及格開心回家，媽媽說：「本來就應該及格的啊，可以再高一點，隔壁鄰居的小孩都九十分，為什麼你不行。」

或是每年過年回雲林，親戚都會問說：「阿彬，你兒子現在做什麼工作啊？」爸爸遲疑了一陣子，便回答：「喔，做那個……運動相關產業啦。」

年紀稍長我才逐漸了解到，媽媽其實是望子成龍。看見其他小孩畫得這麼好，她只能趕快帶著孩子離開現場，逃離的是一種不甘心。而那一代的父母親，唯一知道激勵孩子的方法，就是用處罰來刺激他。

這十年出國比賽，爸媽總是堅持送我到機場，也掛心我的安全。

我了解爸爸的感受，對於家族、鄰居、朋友的眼光，總是不斷拿小孩來比較，希望自己的孩子能夠出人頭地，受到肯定。而跑步，是什麼呢？

父母觀賽的第一戰

在前往第二站戈壁賽事的飛機上，我看著窗外，突然回想起高中田徑全國賽，以及兒時一幕幕與家人相處的過往記憶。

從小到大，我永遠得不到父母的一句鼓勵與認同，從高中練田徑十五年來，爸媽也因為工作忙碌要養我們三兄弟，從沒有到場上看過我訓練與比賽。在選

擇了極地超級馬拉松這條路之後，家人對我有更多的不諒解逐漸累積，這是我擱在內心深處的一個遺憾，對於家，好渴望，真的好渴望，得到父母的一句鼓勵，一句就好。

後來小幫手 Etta 知道這故事，在我出發前幾天說：「彥博，這一次賽事距離台灣較近，你爸媽會去戈壁沙漠終點看你比賽喔，機票我已經訂好了。」「什麼!!妳說什麼!?」

突然不知道該怎麼表達我的情緒反應，我很期待，也有點緊張，這是我當田徑選手以來，爸媽第一次要來看我比賽，頓時壓力變得更大。

在飛行與轉機的途中，我盡可能地補足睡眠與休息，四大極地最難的部分之一，就是賽事一場接著一場，

幾乎沒得喘息，很難安排訓練周期計畫與休息時間，隨時都要因身體狀況調整，納米比亞沙漠賽事結束後，只有短短四十二天時間，訓練從沒有間斷，身體還沒完全復原，馬上就要緊接著第二站賽事，壓力相當大，因為每一站，都甚為重要，只要有意外受傷，或是棄賽，這一整年度的努力就失敗了，因此在生活上，變得有點過度緊繃與神經質，很保護自己的身體，尤其雙腳，只要有物體一靠近，我就會閃避

維吾爾族歷史悠久的歡迎舞蹈，結合動物元素，敬天與地，也替選手祈福。

離開或是有保護的手勢出現，有時朋友開玩笑拍我一下腿，我甚至可能會因此生氣，因為這一年，不容許任何受傷與意外，雙腳，是我最重要的資產。

燃燒的絲路，火辣的不只是烈陽

飛機降落後，機艙門打開的一瞬間，吸進鼻腔的第一口氣，悶熱到有點不舒服，氣溫高得嚇人，太陽非常毒辣，「這是開玩笑吧……」我抵達了中國左上方的新疆維吾爾自治區，哈密市。距離海洋有兩千多公里遠，內陸的氣候就像是烤箱，只能感受到一個字：「熱」。

四大極地第二站，也是古代絲綢之路的必經之地，研究地圖看來，比賽路段會經過陡峭的天山，以及炙熱的黑戈壁沙漠，兩者的氣候非常極端，四點就日出，溫度將一路飆升，直到晚上十點天黑後，氣溫才會下降。

為了讓身體提早適應炎熱的高溫，我在正午十二點進行一小時的適應跑，外出前往戈壁沙漠訓練，感受氣溫以及地形地質的變化。氣溫達到四十度以上，吸氣到鼻腔非常不舒服，這裡的熱讓頭都會暈，感覺身體裡面像火燒，才三十分鐘，就已經全身爆汗又無力，必須不斷補充大量的水分，結束時還突然流鼻血，頭一次在比賽前的適應訓練，讓我有種不太妙的

photo by RacingThePlanet

山頂氣溫 0 度，山下 40 度，完全是兩個截然不同的世界。

感覺，上一場賽事還沒完全恢復，不禁擔心，我要在這嚴峻高溫中跑完這兩百五十公里……跟了我好幾場的攝影師丞哥在一旁說：「彥博，現在氣溫四十度，加上日照曝晒的時間相當長，這一場可硬了……」看來以下三項將是這場比賽的重要關鍵：體溫管控、飲水系統、營養補充。

新疆，以吃辣出名，起初只是耳聞，沒想到能實際見識到這裡的厲害，訓練結束後，晚上我們到路邊找到一間安靜又有冷氣的小飯館吃飯。

服務員：「歡迎光臨。

與羅馬尼亞選手實力相當，除了追趕，還必須對抗可怕的高溫。

嘿，小夥子，聽口音是台灣來的啊？哈密好不好啊？」

我：「好！好！好……熱……」

服務員：「這還好吧，氣溫一般般而已，小哥吃啥啊？」

我：「來個乾拌麵吧，喔，對了，不要辣，辣子也不要放，我沒法子吃辣啊！」

服務員：「好迪～好迪～」

五分鐘後，服務員：「小哥，不辣的乾拌麵來迪～」

我才吃第一口，眼睛就飆淚大叫：

「冰水、冰水～服務員給我冰水，辣死我了啊啊啊～～!!」

服務員：「沒事吧你，小哥？都沒辣的這是，只有放青椒啊……真不是男人……」

除了天氣毒辣，沒想到連食物都辣到牛B得無法想像，這幾天吃到嘴腫、胃辣的，連上大號屁眼真的都好辣，嗚嗚……

STEP 2 進入沙漠前的高山考驗

「豪哥！」我在飯店大廳揮著手，一位認識多年，來自香港的大哥，也被我拱來一起參加這一場賽事，看到他體態良好，想必他為了這比賽做了不少準備。他每天下班都自己背將近八公斤的包包，裡面塞滿書本，自主訓練跑三小時，如果一切順利，抵達兩百五十公里的終點那天，正是他五十歲生日，也是他給自己的人生目標之一。

選手們陸續抵達會場，前一場認識的選手互相熱情擁抱，熱絡地聊在一起，「匡～～！」主辦人員敲著鑼聲，一樣謹慎地開始賽前簡報，講到氣溫時大家突然都

急遽攀爬的天山，沒有雪蓮，只有下雪的考驗。

相當照顧我的豪哥，總是分享許多人生經歷，讓我學習。

聚精會神了起來，聽著前幾年低溫下大雪與高溫的紀錄，捉摸不定的氣候令人捏把冷汗。醫生不斷提醒：「第四天進入沙漠後，千萬不要小看那裏的高溫，每隔十分鐘一定要定量補充水分，因為在這多天賽程，炙熱乾燥的沙漠中，你會毫無預警地大量流失水分，在無意識下從脫水轉變成熱衰竭，如果繼續惡化，最大的危險就是嚴重的熱中暑。」

「請謹慎地隨時注意自己的身體狀況，如果有暈眩、脈搏加速、停止出汗、抽筋的現象，這已經是進入警戒階段，接下來嚴重的話會意識不清、失去方向感，或是突發性心臟病、昏迷，甚至死亡。」還沒開始比賽我的心臟就蹦蹦跳得很厲害，還吞了好幾口口水。

在石堆中前進不僅費力，一不注意就會拐到腳，相當難受。

在雲霧環繞的天山下突圍

賽程第一天，空氣中帶點寒氣，吹著寒冷的微風，和哈密市區的高溫有如天壤之別。

「Tommy，我的包包扣環不見了，你有看到嗎？該怎麼辦？」

起跑前十分鐘，香港朋友豪哥才第一天裝備包就出狀況，不過還好只是小事，不影響使用，我趕緊幫他用大別針扣上。

我在第一天最後三公里獲得領先位置，眼看剩下五百公尺就抵達終點，確認後方沒有追兵後，我慢慢放慢速度，讓肌肉放鬆省點力氣，沒想到後方突然出現急促的噠噠噠腳步聲，一個矮小的身影以迅雷不及掩耳的速度從我後方衝出，是羅馬尼亞選手朱利安，我嚇了一跳，於是馬力全開較勁，還好領先一秒抵達。

這天的營地是蒙古包，到裡頭休息後，身體明顯有點疲勞，我計畫每天先跟著前方選手，到最後十公里再加速拉開距離。

早晨打開蒙古包走出來，空氣冷到直打顫，地上的草是濕的，我抬頭看著今天的賽程要經過的最高點，三千四百五十公尺高的天山此時正被雲霧所環繞，我觀察雲層的流動，知道今天跑上山頂的路段必定艱辛，也許會低溫、下雨，有一場硬仗要打。

賽道從馬路左轉後沿著越來越窄的小徑往山裡跑，深入綿延好幾公里的森林，進入了河床、草地、溪流、樹林不斷變化的山間。突然賽道急左轉，我抬頭一看，眼前高度不斷攀升，艱難陡峭近八十度的上坡，每一步都感受到乳酸炸裂，喘氣越來越急促，儘管我大口呼吸，依然對高山的稀薄空氣有些難以適應。只能全心專注在雙腳上，將腳步縮小，保持穩定的節奏，天空卻在這時下起了小雨，讓攀爬變得更加困難，氣溫也越來越低，我的手開始有點凍到麻麻的感覺。不久，雨勢開始變大，狀況變得更加棘手，想必接下去只會更差，但要加快速度，就會流更多汗，我必須趁體溫還沒掉下來之前，盡量快速通過此區域。

終於，從薄霧間穿透，攀爬到山頂，我看見了檢查站的黑色布幕，第一集團的選手實力都很堅強，對我造成極大的心理壓力，我看著羅馬尼亞選手朱利安，腳步輕盈，輕點著快節奏的步頻，迅速穿梭在樹林裡，「好對手！」跟在後方的我喊道。最後的五公里，我使盡全力突圍，將其他四位選手拋在後方，還好最終仍保住第一名的位置。

photo by RacingThePlanet

每一天，都全力以赴、逼向極限，再苦、再累我都願意。因為爸媽在終點等我啊！

在浩瀚的大自然中，人類，如此渺小。

photo by RacingThePlanet

STEP 3 天氣與地形的雙重考驗

第三天是最冷的一天，早上出發時，中國選手在第一時間就衝了出去，我們有四到五位選手形成第一集團，競爭非常激烈、難分難解。有許多高低起伏的路段，夾雜著小徑、岩塊、溪流，很難看到前方的環境，讓選手無法判斷前方的賽道狀況，也相當難分配體力。沒多久，體力很快

就用完了，接連幾個小山丘地形，雙腳和大腿已經開始慢慢僵硬，在終點前，我接連被追過，總成績落到第三名。

戈壁賽因為地形的多變和無法捉摸的天氣，讓競賽變得更有難度。第四天是進入戈壁沙漠前的前哨站，豔陽的高溫地帶，要經過許多環境複雜的乾裂河床，還有許多矮小的灌木叢，很容易劃傷腳，

光芒四射的起跑線，對所有人來說，每一天都是新的開始，重新出發！

起跑後兩位中國選手很快地加速和我拉開距離，我很努力追趕。到了第三檢查點時氣溫非常高，已達到攝氏三十八度，我決定最後十二公里要放手一搏，不停下來補給休息。再度追回總成績第一的位置，確認已經把時間拉開十分鐘後，我已經很有信心奪冠，強而有力的能量灌注在我的雙腳中，證明自己依然能夠繼續保持領先。在今天，我第一次露出了笑容。

沙漠發出危險的訊息

連續幾天下來，雙腳共有十一個大水泡，身體也有點脫水現象。大會醫生為我處理了水泡，希望明天長距離八十公里的比賽能夠順利完成。

這天是比賽至今最熱的一天，日正當中的正午，我在帳篷中感到像置身於烤爐般地熱，

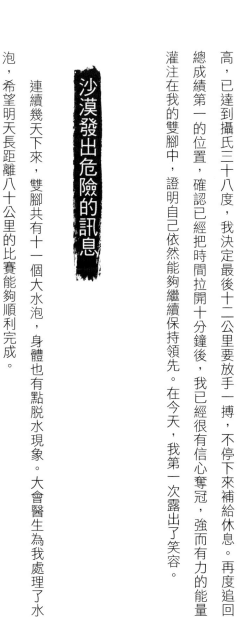

被太陽光線照射到皮膚都會有灼傷的刺痛感，和前幾天的狀況天差地遠，氣溫高升到四十三度，熱到體力都被這熱氣吸走，我感到一絲不尋常，甚至有點擔心，就像是進入戈壁沙漠前，這沙漠預先對我們發出危險的訊息。

比賽的廁所，是在土中挖了個大洞，用帆布遮住的簡易茅坑，打開時都要先做好心理準備，裡頭的黃金堆得比金字塔還要高，不時還會聽到隔壁的選手發出「噗～～～～嗚！噗噗！」「噗！啪啦噗啦啦啦！」的各種可怕聲音。

蹲下解放時腳已經瘦到極點，還要不時左右挪動位置，就怕一個不小心黃金疊得太高碰到屁股，如果再一個重心不穩，往後倒在屎堆裡，那就可怕了。

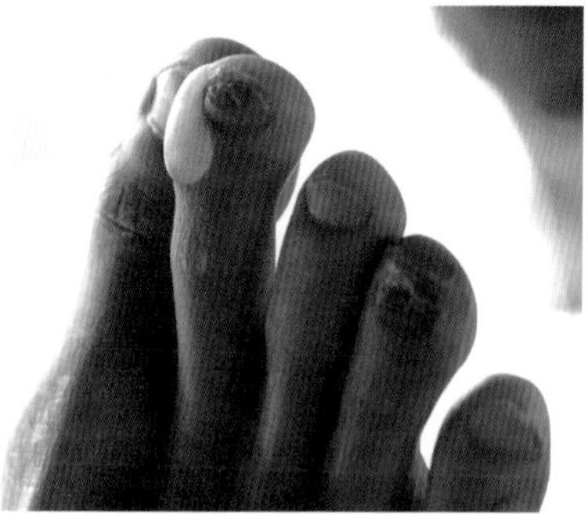

超大水泡，痛啊！

即使躲在石牆的陰影中，熱氣高溫像是能穿透一切，相當難熬。

研究明天路線與賽道資料。

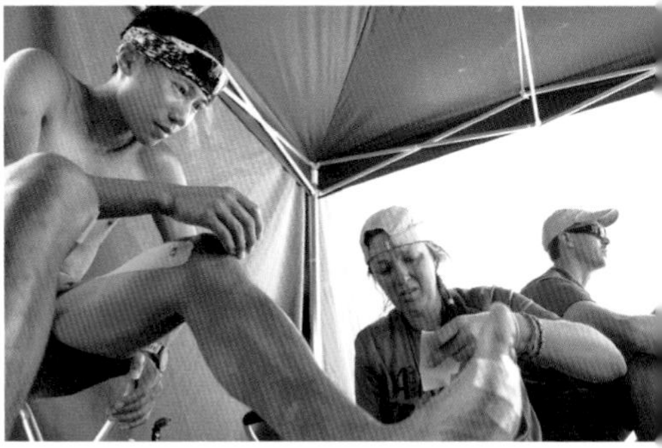

醫護人員正在處理我的傷口。

STEP 4

跑在死亡的邊緣

晚上非常悶熱，翻來覆去幾乎一夜沒睡，氣溫彷彿降不下來，又或者是壓力的關係。月光亮得嚇人，似乎不像是在夜裡，不用開頭燈幾乎都看得見，我推測這溫度會使白天的賽程成為一場硬仗。

但萬萬沒想到，接下來才是我這輩子經歷最高溫、生死交關掙扎的一刻。

預估長距離八十公里的第五賽段，至少是六小時以上的賽程，身體需要大量的卡路里與水分，我食用泡麵與半條蛋白棒當早餐，也許因為疲勞的緣故，我沒有胃口幾乎吃不太下，但還是逼自己吞進肚裡。主辦單位這天特別提早一小時，訂在七點起跑，我在六點四十分整理裝備包結束，已經開始熱到出汗。

深入沙漠，見不著人跡，什麼都沒有。

踏進黑戈壁

站在起跑線上，太陽從後方升起，耀眼的光束四射，隨即氣溫也逐漸升高，柔和的風開始變得悶熱，六點五十分大家移動到起跑線前，聽著今天的大會路段簡報：

「各位選手早安，今天的長賽程將要進入黑戈壁，也就是戈壁沙漠，氣溫將會非常非常高，往年的紀錄，我們推估至少會有四十度以上的溫度，到中午將會越來越熱，競賽會變得非常困難，我們嚴格要求每位選手離開每一個檢查站時，一定要將兩公升的水裝滿，請各位選手一定要確實補充水分，並注意自身安全以及身體狀況，特別注意，只要醫生或是工作人員發現你有任何熱衰竭的症狀，我們會立刻強制將你留在檢查站休息，情況嚴重者將會停賽，祝好運。」

七點出發，太陽慢慢升高，閃耀的陽光劃開前方的賽道，往後無限延伸，地表熱氣開始上升，泥土的路段被高溫烤得相當脆，像是餅乾一樣，每一步踩下去都會裂開下沉，或是經過濃密的茅草時會刮傷腳，相當難應付也耗費體力。澳洲選手Cross率先衝出，看來他將所有的體力保留到今天全力以赴，快速將我們拉開，但因為我至少領先他總時間近一小時，主要的對手依然是羅馬尼亞、英國的選

photo by RacingThePlanet

跨越馬路，正式進入黑戈壁，氣溫開始直線飆高，開始了真正的考驗。

手，所以選擇不跟上，但依然防備著。

抵達十公里的第一檢查站時，我們前三名依然都跑在一起，每個人都知道今天是關鍵，況且總時間都沒差多少，每個人都在等待機會，我依然有十四分鐘的領先時間，只要不被拉開，就有機會奪冠！

上帝庇佑的手勢

賽道離開了村莊，開始正式進入一眼看去毫無人跡、前方一望無際的戈壁沙漠，我知道今天將是漫長的日子，看看時間才八點，感覺氣溫已經到了三十五度左右，全身悶熱，開始汗流浹

氣溫越來越高，我開始露出痛苦的神情，但想獲勝只有一個選項，就是撐下去。

背。這時第四名的中國選手國峰、美國選手Jax追了上來並超越我們，看著他們越來越遠，我不禁有點擔心起來，但羅馬尼亞與英國選手依然沒有任何動靜，或有絲毫試圖跟上的意思，領先的澳洲選手已經不見蹤影，而中國選手也開始發動攻勢，還剩下六十五公里，我的警覺雷達開始響起，如果持續被拉開，我總時間會被追過的，必須採取行動！

我調整擺臂方式，將步頻開始加快，速度也慢慢提升，羅馬尼亞選手朱利安緊緊跟在我後方，英國選手則慢慢被拉開，我們沿著每隔一百到兩百公尺插在地上的小粉色旗前進，四周越來越荒蕪，前方什麼都沒有，只有一望無際、波狀起伏的礫漠、岩漠，夾雜著許多沙土，進入沙漠後，前進開始變得相當費力。

我們跑入地勢較低的路段，四周長有許多茅草，這時我感到四周的氣溫突然升高，空氣變得燥熱，炙熱的陽光照耀在皮膚上，毛細孔不斷冒汗，極乾燥的空氣讓喉嚨乾渴難耐，光是水，就已經喝了一半，我冷靜應戰，發現羅馬尼亞選手朱利安不斷試著從他的兩個水瓶吸取一點殘餘的水分，而且開始有點面露疲態，他已經沒有水了！隔沒多久，我們都明顯感受到像烤箱般的炙熱，也越來越難受，他每隔一段時間會不斷問我還有幾公里到檢查站，我感覺得出來他很不安，連續跑過了幾個起伏的沙丘之後，我們終於看見前方出現第二檢查站的黑色帳篷，朱利安馬上比了一個上帝保佑的手勢，像是得到了救贖。

這庇佑的動作也提醒我，我們即將要真正面對大自然的挑戰。

檢查站後是再升級的高溫煉獄

抵達第二檢查站時我排序第四，還有六十五公里，一個人奮戰實在太辛苦，我開口邀朱利安結伴一起跑後面的賽段，但他坐了下來，將水淋在頭上降溫，揮手示意要我先跑，不用等他，說：「不！太熱了！我需要休息一下！」

我看著後方許多人影追了上來，便決定先起身繼續前進，我說：「好，那我們一會兒見。」繼續跑起來時，我回頭看著第二檢查站慢慢變遠，他依然沒有離開，好！總成績最具有威脅性的二、三名選手開始被拉開了，我稍微爭取到領先的機會，此刻信心大增！卸下一點壓力繼續努力前進，如果戰略沒錯，今天表現完美，我應該可以擊敗各國好手，有機會奪下冠軍，能在兩天後站上頒獎台，拿起麥克風致詞感謝我的父母……當然，現在比賽還沒結束，我得繼續向前邁步！

我試著加快一點點速度，爭取拉開的時間與距離。抵達三十公里的第三檢查站前，我看見了美國選手 Jax 剛離開。「好！開始追擊吧！」我在心裡對自己喊話！於是用一分鐘快速補水、放入電解質錠、把頭淋水降溫後馬上出發追趕，狀況越來越好，速度也維持得很穩定。

但接著每經過一個檢查站，體力開始慢慢消逝，我越來越疲憊，感到越來越熱。順利經過四十公里第四檢查站時，我與領先選手的時間慢慢拉近，我知道，今天更要全力以赴，還需要大自然的眷顧，才有機會勝利在握！此外，我也期待抵達終點時看到爸媽在場的樣子。

我回想起二〇一一年喀拉哈里沙漠四十五度的賽程是如何克服的，當時向當地的南非選手學到重要的關鍵，就是越熱的天氣，盡可能縮小步伐，每一步都輕輕地著地，保持非常穩定的速度持續前進，以減少不必要的熱量消耗，與減緩體溫的上升。

但一小時後，狀況突然急轉直下，氣溫再度上升，空氣中的灼熱感讓呼吸開始變得很難受，頭開始有點暈，所以我馬上從裝備包的口袋中拿出蛋白棒和Gel大口咀嚼吞下，補充熱量與提高血糖，並且大口喝水補給水分，同時碎嘴唸著：

「太大意了，剛剛在檢查站應該要多休息三分鐘，讓身體稍微降溫一下才對。」「現在沒有任何遮蔽，等等到檢查站，一定要停下來休息一下。」

我趕緊放慢一點速度，試著讓身體稍微恢復正常。每過一個檢查站，氣溫像是兩個不同的世界，沒有止境地不斷上升，我低頭看著手錶，錶面顯示十一點，我不禁開始擔心了起來……為了追趕領先的選手而縮短補給休息的時間，沒想到接下來即將造成嚴重的後果。

到補給站只休息了一分鐘，就馬上出發。

殘酷的高溫、無情的焚風，痛苦地快無法呼吸。我的意志，所剩無幾……

燃燒的焚風，舒適圈的抉擇

「好渴望風……」「拜託……一點點微風也好……」我卑微地向大地乞求著……

沒多久，大地像是聽到我的乞求，我看到了前方刮起一點風沙往我這邊吹來，正以為能夠短暫解脫一下，卻沒想到這陣風吹到身上時，「颼〜〜呼〜〜呼〜〜！」吹過的風像火在燒!!像是無形的火球，狠狠地將我吞噬！是焚風!!我低著頭吸了一口水，趕緊拉起頭巾摀住口鼻，再從嘴裡吐出水在頭巾上潤濕，渴求吸到一點水氣，身體像燃燒一般，衣服因為汗水乾掉全都變硬，連身上水瓶中的水都變成溫水，我痛苦得快要無法呼吸。

正當我想逃離這陣焚風時，賽道路線下切到地勢較低的巨石凹處，「太好了！」原以為能避開焚風，卻沒想到峽谷的溫度更高，一如置身於烤箱裡，皮膚感到灼熱，喉嚨乾渴，我已經快要跑不下去，甚至已經有點暈眩感。此時此刻我只想盡快離開峽谷，不斷告訴自己要撐下去。

過了幾個彎，GPS顯示應該已經抵達檢查站，但依舊不見帳篷的蹤影，又繼續過了幾個彎之後，我的耐性已經快用光，變得越來越焦躁，痛苦指數開始飆升，更看不到前方有任何選手。終於，五十公里第五檢查站在左邊岩石後方露出來，「混蛋！終於撐到了！如果再不出現，我真的快到極限了！」

抵達前，我看見中國選手國峰的背影正好離開，照道理來說，我必須趕緊離開檢查站趁勢追上。以往我總是站著，快速補給後即刻出發，但這回我第一次在檢查站坐了下來，身體非常沉重無力，伴隨著暈眩感。我不斷大口灌水，並用噴霧器噴臉和脖子，試圖讓自己清醒與稍微降溫，還強逼自己再吃一個蛋白棒和 Gu 凝膠，希望能夠趕緊恢復體力。我呆滯地看著前方休息，看到工作人員把鋼杯放在石頭上，倒了一點水並放入一個茶包，沒多久就看見水蒸氣不斷從杯裡蒸發出來，工作人員看著我開玩笑說：

「Tommy，要來杯熱茶嗎？」

「我們剛剛把雞蛋放在地上，還真的就烤熟了。」

我沒有反應，躲在墨鏡後的神情流露著不安與恐懼，這時才知道此刻的溫度高得有多可怕，這一坐從十分鐘變成十五分鐘。「聽好，我知道外頭很熱，但在這舒適圈繼續待下去，你會離不開的，接著，你會輸了比賽。」心裡的聲音出現，我鼓勵著自己。

「準備好了嗎？走吧！我們出發吧！快到了！」

我感到恢復了一點體力，起身向工作人員致謝後，繼續完成最後的三十公里。

檢查站離開前，與其他選手互相打氣，因為我們都了解，今天，一定要平安撐到終點。

在旅遊資料中看來壯麗的景色，變成賽道後，只剩下痛苦與孤寂。

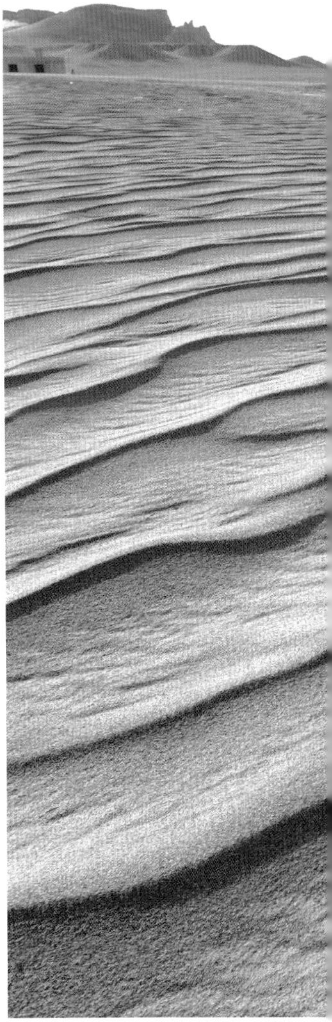

迷途的體力與意志

才剛離開檢查站，高溫變得更可怕，剛剛吃下去的補給好像發揮不了作用，血糖依然不斷下降，體力慢慢消逝，暈眩感再度出現，我固定每十分鐘補兩口水、十五分鐘補給一口電解質，但沒多久，水瓶裡的水竟然全都滾燙如熱茶！我開始感到痛苦，狀況變得棘手，我硬撐著，希望用過往的經驗和體力，撐到終點。

如果是來旅遊，可以在冷氣車上拍照。

如果是來體驗，還能躲在遮蔽的陰影下休息。

但是來此競賽，必須面對大自然的考驗，在炙熱的太陽下曝晒。

這完全是截然不同的壓力狀況。

漫長而筆直的沙漠，前方隱約出現了小小的人影，我仔細一看，是中國選手，我追到他了！他正用跑加走的方式不斷交替前進。超越他之後，跑了一陣子，在頭暈的狀況下，我不知道已經快要失去專注力，這時突然發現，前方沒有任何標記，我先是懷疑，接著越來越緊張，「不可能……我不可能跑錯的！」我繼續往前左右四處查找，「標記呢!?標記呢!?」我慌亂了起來，感覺到心臟猛烈而不安地跳動著。

「不！該死的混蛋！我迷路了！」

我從痛苦中驚醒，趕緊沿著剛剛過來時不太清楚的腳印折返，我焦躁不安、盡力苦尋著上一個小粉色旗的標記，在現在可怕的高溫情況下，絕對不能跑錯路，否則將會流失僅存的體力與意志，不，正確地說，將會陷入危險！

我著急地加速折返，想彌補剛剛迷路的時間，經過了三個起伏的沙丘，幾乎快耗盡了所有的體力和水分，約十

分鐘後，終於看到小粉色旗幟轉往右邊地上，剛剛我卻該死地錯過它了！白白浪費二十分鐘這段時間，我看見中國選手追了回來，趕緊返回正確的方向加速前進。

遠方出現帳篷了，是檢查站！倒數第二個檢查站！只剩下十七公里了！但這時再度颳起了直逼腦門的焚風，我的肌膚像火燒！嘴唇乾裂！頭開始昏沉！痛苦指數不斷往上飆升！我從時速十公里，慢到只有三公里的速度，而且僅剩一些水。因為期待見到在終點等待的父母，希望能夠拚個好成績給他們看，我願意忍受這一切，用盡全力，但暈眩程度越來越嚴重，此刻我所感受到的炙熱，已經超乎我的經驗和想像……

「我要休息一下，我必須要休息一下，再不把身體溫度降下來，我會撐不下去的……休息二十分鐘就好，二十分鐘！就出發！」這是我頭一次決定在檢查站長時間休息，我清楚知道，狀態非常差，快撐不下去了。

一進到帳篷後，我照原訂計畫大量灌水和吃電解質錠、Gel，吞下半條蛋白棒，盡可能大量補給，準備做最後的衝刺。十五分鐘後，中國選手抵達，我決定準備繼續往終點前進。一起身，突然身體無力一陣暈眩，眼前一片黑！什麼都看不到！我感覺自己要昏倒了，便大喊著：「請幫我把裝備包解下！請幫我把裝備包解下！」接著，我癱坐在椅子上，一陣反胃感讓我快吐出來，便趕緊躺在地上。工作人員不斷使用噴霧為我噴灑全身幫我降溫，但我的手指開始發麻，慢慢地麻向心臟，然後開始出現熱衰竭的症狀，腳不斷抽筋，一股噁心感湧上來，胃部抽搐一下，我差點又吐出來。這時我陷入半昏迷狀態，連記憶都很模糊，但……這還不是最嚴重的狀況。

大會人員 Sam 看我狀況不太對，趕緊上前來量體溫，從他的表情看來他很擔心：

「Tommy，你需要醫生嗎？」

當我聽到這句話，知道可能會棄權，但我清楚身體還能撐下去。

「不不！我只需要休息！謝謝。」我肯定地說著。

「Tommy，你的體溫有點高，需要強制停留休息，直到身體好轉。」

接著聽到他用對講機呼叫：

「這裡是 CP6，請調駐醫生過來，並調派更多水分到最後四十公里所有的補給站，車隊請巡視賽道，看是否有需要幫助的選手。」

我的胸口開始出現一點壓迫感，就像有人掐住了我的心臟，狀況越來越差，該死……只剩最後十七公里，眼看就要到終點了，我卻無力暈眩瞬間躺到地上。手開始發抖、心跳加速、腳也開始抽筋，工作人員不斷忙著幫我潑水降溫。高溫吹來的焚風，像地獄般灼熱。血糖非常低，躺在地上的我意識略模糊，並強迫自己喝了快三公升的水。四十分鐘後，我感到恢復一些體力，而後方的澳洲選手 Dion 追上來了。

「Tommy，接下來氣溫是四十六度，我們確定接下來越往裡面跑，氣溫會高升到四十九度左右，你可以決定在這裡休息，但如果要離開繼續競賽的話，我希望你能與其他選手一起跑，互相照應會比較安全，你能和Dion一起前進嗎？」

確認身體狀況稍微好轉後，我再度站起來，與Dion一起前進。還有機會奪冠，沒有損失太多時間，我還感到一絲希望。但才離開檢查站的遮蔽，外頭的氣溫就像加壓爐一樣，又飆高了好幾度，炎熱的高溫直接曝晒著我，深深扎進皮膚中，痛苦症狀又開始。我們在沙地與礫石間前進，左右兩側是高約五到二十公尺的沙牆，Dion鼓勵著我：「我們跑三個賽道小旗，接著走二個，再跑三個，一直重複這循環，加油。」以往我只要剛從檢查站離開，一切就像重新開始一樣，能夠再繼續跑下去，

體力不支的我，在最後的重要關頭倒下。

但這次完全沒有任何作用。才重複三次，跑了大約八百公尺而已，我的體力突然瞬間消耗殆盡，全身發軟，已完全擠不出任何力氣，沙漠幾乎要吞噬我，很快地，我感覺又要倒下。

剛剛好不容易壓下來的體溫，突然再度上升，我越來越熱、越來越焦躁，「熱！好熱！太熱了！」我感覺全身都要燒起來，頭暈目眩，左搖右晃，已經很難維持直線前進……

下午一點，氣溫像炸彈，我全身的血液，像是沸騰一樣……手指，又開始發麻……極乾燥、高溫的空氣，讓喉嚨乾渴疼痛。我開始失控地喝水，打破自己嚴格訂定的飲水規則，一口、一口接著喝下。

「停止！不要再喝了！」我告訴自己，

在崩潰邊緣，每一步，都很痛苦；每一步，都很掙扎。

清楚知道這樣是不對的，但……我失去了理智……無法控制自己……在炙熱的沙漠中，嚴謹自律的管理飲水方式，將會是在沙漠中能存活下來的重要因素，而我已經打破了這重要的保命鐵則……

攝氏五十六度下的掙扎

「呼……哈……哈……」

「呼……哈……哈……」

「呼……哈……哈……」

「呼……哈……哈……」

「呼……哈……哈……」

「呼……哈……哈……」

我……已經……快無法呼吸了……好痛苦……真的好痛苦……

每一口氣，吸進到鼻腔，都能夠感受到令人窒息的高溫，幾乎無法呼吸……

每一口氣，喘入到肺裡，都能夠感受到可怕的灼熱感，身體像火燒……

胸口，開始有點悶，接著，有一點心悸的感覺，我能感受到心臟不規律的亂跳，像是試圖在掙扎，用力地打出血壓支撐下去，並發出極為強烈的暈眩感和虛弱感。我知道，快要撐不下去了，頭一次，我痛苦到快失去理智，意志力僅剩無存，不斷地掙扎，而水已經快要所剩無幾。

「我要水……」

「我要水……」

「我需要水!!」

「我需要水啊!!!」

「我需要水啊啊!!!」

「我需要水啊啊啊啊!!!」

「水!!」「水!!」

我強忍著，咬牙強忍著這痛苦，用大拇指的指甲壓著食指的肉到破皮。

「撐下去！撐下去吧!!就要到終點了！」

「奮戰吧!!!爸爸、媽媽第一次來看我比賽，正在終點等著

我啊……」

「只剩最後十五公里、十五公里了啊……」

「陳彥博!!你撐得過去的!!!」

我不斷保持正面思考鼓勵著自己，不！應該說我強迫一直對自己喊話，讓我能夠繼續前進，這是我在極度痛苦時一貫的方式，總是在快要放棄的時候，心裡總是會產生強大的能量去克服各種的難題，但這一次，我無法辦到……無法掌握身體的情況，痛苦與恐懼慢慢占領我的大腦，侵蝕我全身，逐漸無法控制，這未知，讓我開始產生恐懼感。

沒有陰影、沒有樹木遮蔽、沒有溪流、沒有涼爽的微風，所有的一切，空氣、石頭、裝備，或是我的水，所有的東西都像是在燃燒！包圍我的一切，全都燙到快讓我燒起來！燙到在大腦不斷用高音尖叫，不斷撞擊我的腦門。

這裡什麼都沒有!!什麼都沒有!!!

只有焚風！炙熱!!和沙漠!!!

熱浪變得更加殘暴，這沙漠發揮了真正可怕的威力，連底下火熱的沙子，都會穿透腳底發燙。空氣像是被燃燒完了，只剩下熱氣，瀰漫著可怕的氣息。我開始喘不過氣，心臟劇烈地亂跳，視線越來越模糊，我在昏迷與清醒間游離，無法直線前進，一切失去控制！身體爆發即將暈倒的危急訊號！

我用餘光看見右邊一塊石頭下有遮蔽陰影處，拖著搖晃的身體，往後靠著石牆，但陰影不夠大，我的下半身依然被太陽曝晒，然而危險的是，我已經停止出汗，觸摸額頭、腹部、大腿，已經不是熱，而是全身發燙……

Dion發現我出了狀況，看到左前方約四百公尺，有較巨大的岩壁遮蔽處，便支撐我移動過去，但途中有一個小緩坡，平常簡單幾步就可以爬上的緩坡，但此刻的我已經完全走不動，每走一步彷彿就要我的命，半拖半走用盡最後一絲力氣掙扎……這裡是最後的希望，是我最後唯一可以到達的地方，也無法回到上一個三公里的檢查站。

我無法支撐身體，雙腳抽筋往後倒了下來，大口地吸取水瓶中的水分，情急之下趕緊直接吃了高濃度電解質錠，並吃了一包Gel，卻仍無法控制手發抖，連東西都快拿不穩，意識越來越混淆。

我突然尿急，從早上出發到現在六小時，我只有上過一次小號，而且喝了很多水，透過尿液的顏色，可以了解是否脫水，但我已經渾身無力站不起來尿尿，只能往左側躺，拉下褲子解決，這時，尿液的顏色令我徹底陷入恐懼，尿液只有幾滴，而且變成可怕的深橘色，我極度嚴重脱水，伴隨著熱衰竭的症狀，情況再惡化下去，就會變成可怕的熱中暑了……到時候，只有醫護救援才能保住我的命……

我目光呆滯、反應變慢，虛弱地看著前方，沒有人類的痕跡，只剩下一片死寂荒野，大地在燃燒，而我現在已身陷其中，這裡是地獄，沒有任何人類可以在這種環境下生存，我突然想起，二〇一〇年這場比賽中有一位選手因為熱中暑而死亡，我開始感到害怕，心想自己會不會死……

我想起醫生説過：「大腦下視丘會調節體溫在三十七度左右，如果體內散熱趕不上產熱速度，下視丘將會失去功能，讓體內溫度飆高到四十度以上造成器官衰竭。而在脱水的情況下，會讓腦組織血液供應不足，造成腦部傷害、中樞神經受損。」

即使撐過二〇一三年加拿大育空七百公里極地賽，有過失溫和靠近死亡的經驗（記載於《越跑越懂得》），但現在的狀況，幾乎完全超越我的極限和忍受程度，我不陌生，也相當清楚現在的身體反應，再一次，更明顯地感到接近死亡的不安，如果撐不到檢查站！我知道……有可能會倒下……

原本領先有奪冠的機會，卻在此刻倒下，連前方六公里檢查站短短的距離都到不了，就要到終點了啊！眼看原本能取得冠軍的成績，一分一秒地流逝，該死！真是該死!!我咒罵自己的無能為力！

右邊出現腳步聲，「這裡！」我們大叫一聲，是瑞士選手 Filippo，他走過來說：「老天，這真的是可怕的熱，你們還好嗎？」我沉默不語。

二十分鐘後，我對自己內心吼著：「起來！陳彥博!!起來!!給我起來!!」

「你可以辦到的！不要倒下!!爸媽在終點啊!!」

我撐著大腿喘氣，身體和鉛塊一樣重，光是嘗試站起來，就已經費盡所有力氣，心臟大力地亂跳。好！很好！這不放棄的力量從心裡竄出，讓我的身體開始有了反應。

「就差一點了！離開這裡!!往前走！往前跨一步!!」

但，才走第一步，我突然馬上暈眩無力跪了下來……連續努力嘗試了兩次，我發現我辦不到，動不了……已經完全無法再動了……這才知道，我已經……無法離開這裡……到不了檢查站了……Dion 與 Filippo 看到我的舉動，馬上知道，我需要立即協助。

「你需要什麼樣的幫忙？我能夠怎麼幫你？」

我發現身體開始搖晃，大腦越來越沉重、無法專心聽 Dion 說話，即使坐著不動，我還是很喘，心跳依然在一百三十上下，每呼吸一次，心臟壓迫感越來越強烈，手指發麻像導線

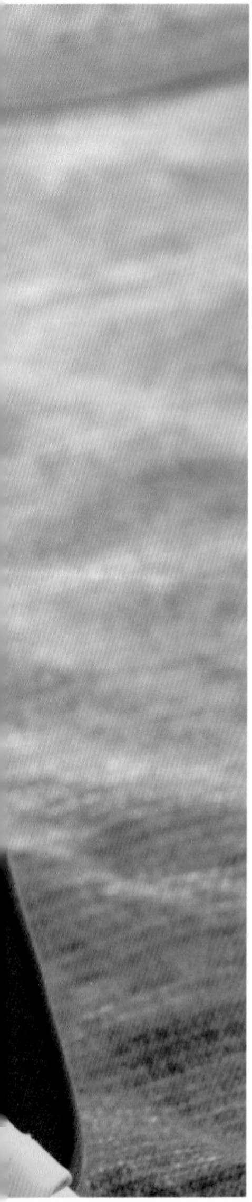

堅持？還是放棄？這兩者，都好痛苦！

般慢慢地傳到心臟，並伴隨著一點心悸刺痛。

我知道，我要出事了，趕緊對Dion說：「你可以幫我到檢查站，告訴大會人員我需要水，並需要一些協助嗎？真的很抱歉……」

他一口答應，給我一半他珍貴的水後，並趕緊出發，我知道他很想繼續比賽，卻又願意留下來幫助我，我衷心感謝他所做的一切。

緊接著我對Filippo說：「你先出發吧，不要等我，我會等四小時氣溫降低再出發……我會沒事的……」

Filippo馬上說：「不！你不能待在這，你沒水會死的，Tommy。你可以到檢查站，只有六公里，你辦得到的！不要擔心！我會陪著你。」

十分鐘後，他扶我起來，拉著我的手，鼓勵我並帶我繼續走著，光是離開這裡，回到燃燒的太陽下，就讓我感到極度恐懼，我真的能夠撐到下一個檢查站嗎？

四周什麼都沒有，我只感到越來越虛弱，胸口開始發麻，但已經沒有選擇了，唯一的選擇就是要撐到檢查站才能得救，不知道過了多久，後方好像出現聲音，我們回頭看，是大會巡視的吉普車，我們用盡力氣張手大叫著：「Hey! Hey!」

他們終於找到我們，馬上就在我身上潑水降溫，但這溫度全都是熱水，接著他們趕緊把我推到車子裡吹冷氣降溫，我動彈不得，不斷灌了好幾口水，眼睛瞥到車子溫度計顯示，攝氏……五十六度……五十六度!!

昏迷一陣子，不知道多久體溫才降了下來，我決定再度起身趕路，但已經慢了兩個小時，下車沒多久，回到五十六度的溫度中，突然間，我害怕到不了檢查站，也知道自己輸了比賽，我崩潰了……抱著 Filippo 開始大哭：「我爸媽……我爸媽這是他們第一次來看我比賽，他們在終點等我……我……我不想輸……我不想輸啊……」

頭一次，頭一次強悍的自己，再也堅強不起來，我在焚風高溫中，大聲地哭著，這無情的沙漠，無情地漸漸將我掩沒……沒有任何機會……沒有任何預兆……就這樣……就這樣將我擊垮了……

「Tommy，你永遠是冠軍，在我心中你永遠是冠軍，撐下去，你的父母會為你感到驕傲，別擔心，我會一直陪著你，陪著你一起到終點，Tommy，答應我，撐下去……」Filippo 抱著我說道。

淚痕很快被高溫蒸發成鹽巴，他握緊我的手，我懷著無盡的感謝，朝前方的地獄走著，海市蜃樓不斷出現，直到看到前方黑色的小點不斷閃爍，是檢查站啊，我們撐到了……

一路上，只有痛苦，極度的痛苦，我無法再感受到任何其他事情，只能拖著身體往前走，一切純粹都是和痛苦在作戰。

六公里的路花了二．五個小時才抵達，一到檢查站，我倒下躺了快四個小時，我意識模

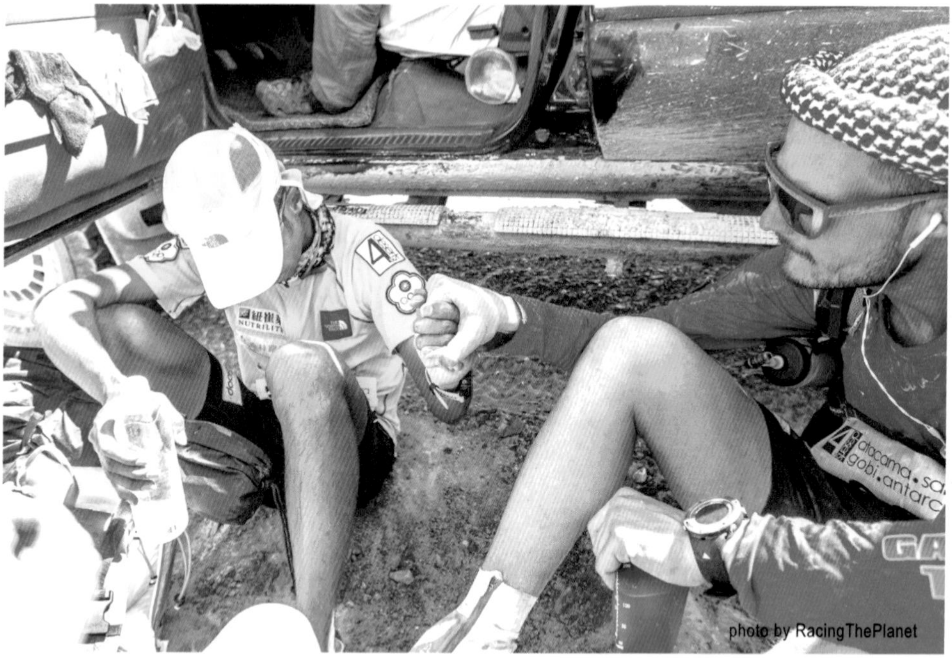

Filippo 當下給我最大的支持。

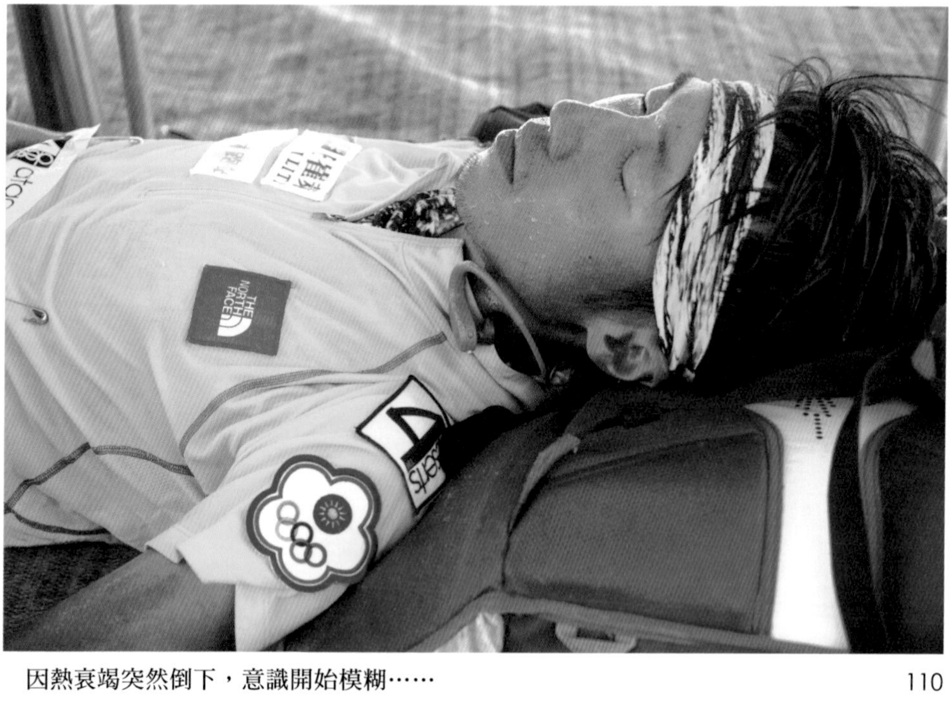

因熱衰竭突然倒下，意識開始模糊……

糊，不斷大量猛灌水，像駱駝一樣喝了三公升以上，希望能將熱衰竭的狀況緩解。檢查站的車隊司機遞給我一瓶結冰水：「喝吧，小兄弟，降一點體溫，今天非常痛苦的，要堅持啊，你可以的。」我發誓，這是我這輩子喝過最好喝的水。

夕陽地平線上的兄弟情

下午四點，氣溫好像降低了一點，但依舊難以忍受，休息後我恢復了氣力，狀況也越來越好，吃了僅剩的營養棒，站起來，與Filippo繼續把最後的七公里走完，我只想趕快到終點，結束這所有一切分分秒秒的痛苦。這時，原本第二名的羅馬尼亞選手朱利安追上來了，我感到體溫已經降下來，心臟也不像先前那樣劇烈跳動了，突然間，我開口問Filippo：「你還能跑嗎？我只落後前三名一小時左右，我想繼續回到比賽，依然還有機會，我不想輸，我可以繼續趕路嗎？」

他推我一把大聲說著：「GO! Tommy! GO! 不要管我了，你們從第一天拚到現在，不要在現在輸了！快超過去啊！」他因為幫助我耗費了所有體力。

我說：「不，但是你陪我一整天，救我的命，我不想這樣，我們應該一起到終點……」

Filippo：「別擔心我，快跑起來啊！快走！」

我向他說聲謝謝後，便再度跑起來追上去，但離他越來越遠，我心裡越來越難受，在超越羅馬尼亞選手的那一瞬間，我突然停了下來，並狠狠用力怒打自己一個巴掌！「你到底他媽的在幹什麼？」

回頭，看著Filippo只剩一個小黑點，我再度跑起來，但不是往終點前進，而是第一次在比賽時往回跑，我跑向他時，自己突然哭了出來，聽到他大聲喊著：「What are you doing, Tommy? Go Back! 這是你的機會！」

我衝向他抱著大哭說：「對不起！對不起！我不該這麼做的！對不起！我

photo by RacingThePlanet

好自私，到現在還只想到為自己比賽，你陪我那麼久的時間，我們走過那麼多路，我感到好丟臉，對不起 Filippo，對不起……希望你不要對我的行為感到失望和生氣……」

我講完，Filippo 沒有說話，也哭了出來，我們緊緊抱在一起，他拉著我，我們一起繼續往遙不可及的終點前進。

沿途看到好幾個海市蜃樓，都誤以為是終點，不知過了多久，我越來越虛弱，最後終於聽到了鼓聲，夕陽下我們大叫著看見了終點線，這天，我花了快十三個小時才抵達。

photo by RacingThePlanet

與 Filippo 牽手撐回終點，我們開心地大叫：「沒想到真的到了！」
這一刻，我永遠忘不了！

人生的旅途很遠，
在處於低潮與困境時，
永遠不要忘了曾經伸出手，
幫助我們的人。

羅馬尼亞選手看到我回終點，給我溫暖的擁抱。

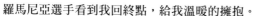

STEP 5 爸爸的口哨聲

「颼颼颼颼！」外頭颳起了強烈的沙漠風暴，到晚上十一點多，氣溫還在三十五度，所有的帳篷都被狂風吹倒，我躺在帳篷內虛弱得無法動彈，原以為痛苦結束了，沒想到外頭能見度只剩十公尺，後面的選手都被緊急撤離到安全處，賽程即時終止，有一位選手送醫，許多選手都有脫水症狀，主辦單位在半夜四點緊急讓後方的選手終止比賽，並帶我們去外頭的遊客中心避難。

休息這一天，我的胸口會發麻，這種感覺一直存在，吸氣到底心臟都會有刺痛感，我相當擔心，深怕最後一天沒有辦法跑，身體出現了什麼狀況。

我躺在外頭睡墊上，看著天空，摸到肩上的國旗與贊助商，好對不起大家，難過得哭了出來，對自己感到失望，也對支持的人感到愧疚。

但，只剩最後一天十二公里的賽程，爸爸媽媽就在終點等我了。

最後一天，再度站上起跑線，我知道，已經輸了比賽，我對自己，比任何人更感到失望與自責，面對挫敗、懊惱、不甘心……種種龐大黑暗的負面情緒，我告訴自己，要戰，就要

photo by RacingThePlanet

戰到最後一刻，即使輸了比賽，也要輸得光彩。

出發後我全力衝刺，跑在領先的第一位，慢慢地靠近終點，因即將看到爸媽而緊張，突然，熟悉的口哨聲在我耳邊出現，這是爸爸的口哨聲！從小每年除夕回雲林三合院過年時，爸爸總是會在吃晚飯前，對著正在田裡烤番薯的我們兄弟，大聲吹著響亮的口哨，叫我們回去吃飯。

只是，這一次，口哨聲不是出現在過年時台灣的三合院裡，而是出現在戈壁沙漠的終點線上!!

在終點線前四百公尺我看見了熟悉的身影，天啊！是爸爸!!還有媽媽!!

我全力奔馳著、大叫著、嘶吼著：「二百公尺，一百公尺，五十公尺！」爸爸媽媽的臉孔越來越清楚，這十九年來，爸爸媽媽從來沒有來看過我比賽，我心裡一直有缺憾，懷疑他們是不是不認同我在台灣當運動員，但這一次，他們真的來了！他們真的來了!!

贏得的不只是獎牌

主辦單位趕緊把獎牌遞給我媽媽，這是她第一次為我掛上獎牌，眼眶裡滿是淚水，「爸爸……對不起，你們第一次來看我比賽，我卻沒有辦法拿第一名……」

第一次爸媽在終點等我，緊緊相擁。在淚水中，沒有任何比這更開心的事了。

photo by RacingThePlanet

photo by RacingThePlanet

爸爸緊握著我的手：「傻孩子，傻孩子，說這幹嘛，你能夠跑完這一場比賽，已經是我最驕傲的孩子了……真的很棒！」

這是我從小到大第一次聽到爸爸用感性與肯定的話讚美我，我抱著爸媽已經壓抑不住這十九年來累積的情緒，流下了眼淚。

每一次，我總是盡力去追逐名次，但，這次戰役中所發生的點點滴滴，從冠軍、中暑、名次落後、選手間互助的情誼以及父母的到場支持，與對我走向運動員這條路的認同，已經超越了競賽結果太多太多……

這場比賽，比起過去參加的任何一場賽事，都要來得艱辛痛苦，也許如今我已經到達能力的極限，需要一個挫折與低潮，以及對自己的反省與學習，才能再超越原本的自己。

人生中除了名次、
頭銜、金錢、愛情，
我想還有更重要的事，
那就是家人，
還有永不放棄的理想。

豪哥、媽媽、我、豪嫂、爸爸一起拉著小幫手做的貼心海報於終點合照。

努力不是為了證明什麼，
而是想成為更好的自己。

我想**挑戰自己**的**極限**，
看我自己**能做到多少**。

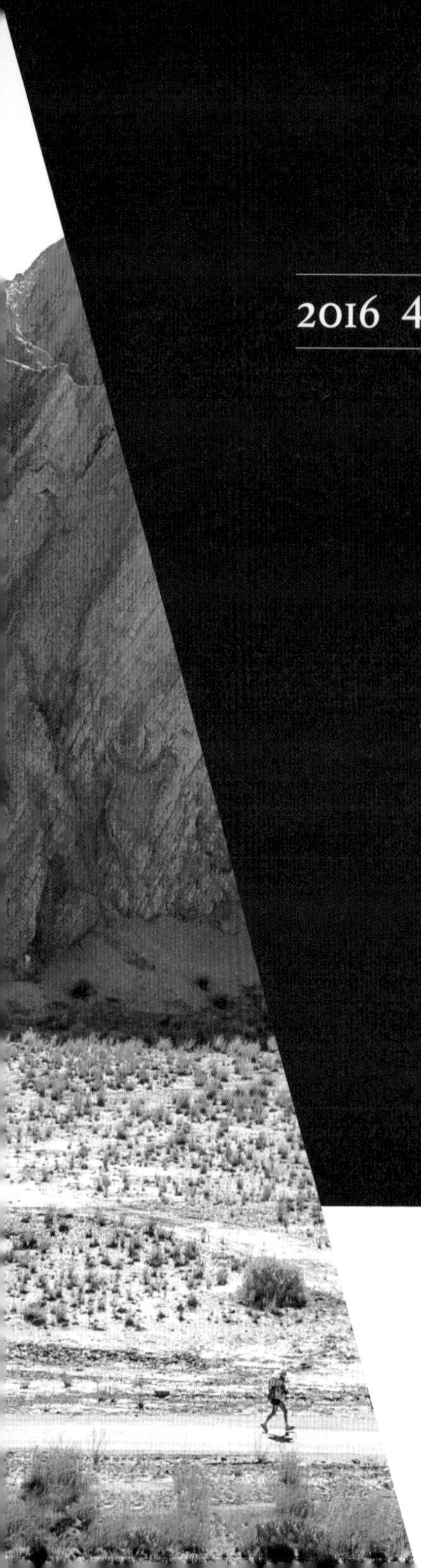

四大極地
大滿貫總冠軍賽

2016 4 Deserts Grand Slam Champions

第三站
阿他加馬沙漠
ATACAMA DESERT

| 總里程：**250km** ／天數：**7** 天 |

Day 1	36.5km
Day 2	44.5km
Day 3	39km
Day 4	44km
Day5-6	76.5km
Day 7	9.6km

[海拔高度 **]**

海拔總爬升 **1,683** 公尺、下降 **2,508** 公尺。

路線最高點
3,200 公尺

路線最低點
2,300 公尺

photo by RacingThePlanet

STEP 1 我是否討厭跑步了？

男兒有淚不輕彈，但其實，戈壁賽事結束後兩天，每天醒來時枕頭套都還是濕的……心裡面沉沉……重重的，我想，這就是所謂的失落感吧。

這份失落與沉重，像巨石般壓在心裡難以承受……每當夜深人靜時，那份痛依然存在，我那麼盡己所能、全力以赴去爭取，更在痛苦的環境中再次咬牙站起，然而，那看似握在手中的榮耀，卻瞬間從手裡消失……我想，可能要沉澱一段時間，自我反省、檢討，重新找到那份堅強與自信。

回到台灣之後，身體還是感到有些不舒服，有時候只要站一下子，胸口就會出現發麻感，接著有點頭暈無法久站，可能是中暑、疲勞、脫水造成的身體傷害。眼看下一場賽事馬上就要到來，我很擔心身體的狀況，會不會出現什麼問題或後遺症，便趕緊前往醫院，找長年為我診療的心臟科劉俊傑醫師安排追蹤檢查。血液檢測沒有異狀，而超音波檢測方面，先前的二、三尖瓣逆流消失，僅有脫垂，研判是後天性過度疲勞、壓力所引起，醫生說這陣子多休息即可恢復。好！這下終於可以完全放心，好好準備最後兩場賽事。

人生中第一次摔跑鞋

修養幾天後，正值台灣高溫的盛夏，我開始專注於恢復訓練，但才慢跑二十分鐘，就喘到很難受，胸腔開始會有壓迫的感覺，全身肌肉僵硬，連一點體力都沒有，全身使不上任何一點力氣。心想，恢復訓練總是這樣，大約兩週後就會慢慢好轉，但沒想到，嘗試了好幾天，結果都一樣，而且只要大量流汗，就感覺身體裡面有悶燒感，記憶中熱中暑的無力、無助感不斷湧現，失落感越來越重……

一個月後，是恢復訓練基礎體能的驗收，我對自己的標準是慢跑

訓練中，第一次痛恨跑步。

一小時、十二公里，這是跑者最基本的有氧耐力跑。「都過去了，我們一切重新開始吧。」跑前我靜靜看著自己的雙腳和跑鞋，不斷自我對話，鼓勵著自己。但才四十分鐘不到，沒有順暢感、節奏頻亂，我全身僵硬，雙腳沉重有如鉛塊，費盡力氣在喘氣上，配速更是無法穩定，原本得心應手的所有事情，突然間每一件事情都變得好困難、變得生疏，我開始不斷質疑自己，腦中再度出現倒下的畫面與別人看我的眼神，深埋在心中的負面情緒不斷快速累積，我雙眼緊閉奮力咬牙擺臂，大口、大口喘氣，想把這負面情緒拋開，想逃離這一切，但速度越來越慢，什麼都沒有改變，直到我跑不動為止，腳步停下，再也無法壓抑的情緒突然爆發出來，我脫下跑鞋奮力摔到地上大吼：

「吼啊啊啊啊啊啊啊～～～～混蛋!!」

「廢物！你真是廢物!!」「你夠了沒有！夠了沒!!」

「過去十五年我們一起跑過多少路，但從來都沒有像現在這麼沮喪過，還有兩站要跑，你要這樣放棄！你就要這樣放棄!!你願意嗎!!」

我坐在河濱公園的草皮上，默默地一個人哭泣，這次我第一次摔跑鞋，看著跑鞋和雙腳，它們突然變得好陌生，我無法再和以前一樣了……不知道該如何回到那狀態。沒有快樂，只有痛苦。原本熱愛了十五年每天重複要做的事情，突然間卻好想逃離這一切，我好討厭跑步！真的好討厭跑步！第一次這麼痛恨跑步！

拿過好成績，也重重摔過，但這次在短時間內承受著太多的經歷與情緒，總是只能不斷告訴自己「撐下去！」心裡有很大的障礙，難以調適，甚至，有點厭跑。

眼看只剩下兩個月就要前往智利第三站的賽事，卻對跑步失去了熱情，訓練完全提不起勁，連續一年的賽季，我把自己逼得太緊了，戈壁賽事結束後，有一點討厭再穿上跑鞋，挫敗、恐懼，不知道自己的身體還能不能再跑下去、撐下去，雖然醫生說已經沒有問題了，但我依然對自己產生很大的懷疑。

登上高峰的轉機

「Tommy，你還好嗎？最近看你訓練都悶悶的，發生什麼事？」常常與我一起訓練的紐西蘭越野跑者 Ruth，在訓練結束後問我。

「你看吧，果然沒錯，是不是和我猜的一樣，你現在討厭跑步了，哈哈哈。」我們倆一起笑著。

「去過 EBC 嗎（Everest Base Camp 聖母峰基地）？我推薦你可以去那裡訓練，一方面也可以適應高度，換一個訓練方式和地點，也許你去那裡可以重新找到力量，真的很棒，

全世界最危險的機場——盧卡拉，
跑道只有 460 公尺長。

風吹著山中的五彩經幡（風馬旗），
祈求大地與神的保佑。

值得一去喔。」

我們一起討論後，因為四大極地的第三站，智利阿他加馬沙漠，競賽海拔高度在二三〇〇公尺到三二〇〇公尺之間，必須做高度訓練，我決定馬上變更訓練週期計畫，七月、八月在台灣重新訓練加強體能，九月把原定在智利高原的移地訓練，改成前往聖母峰基地營十七天做高海拔適應外，也做賽前最後一次高強度訓練，以增加肺換氣、增加紅血球數和血紅素濃度。

接著回台灣平地一個禮拜的時間，把訓練量減量、降低強度做賽前調整，並轉換準備所有裝備與行李，隨即出發，在高度訓練後還沒消失的最佳狀況下出賽第三場賽事。

連續一整年的賽季下來，我確實需要不一樣的環境與訓練，於是就這樣決定了。

STEP 2

從聖母峰開始，重新啟動

影像紀錄，永遠是最珍貴的，這也是每一次賽事我都會請一位攝影師同行記錄過程的原因。攝影師除了必須能夠習慣大自然荒野的極端環境，並能保護自己的安全，比賽時七天不洗澡、忍受我的嚴重潔癖與隨興的個性外，我們還必須二十四小時相處，相當不容易。

攝影師丞哥，是透過朋友介紹認識的，二〇一四年開始，我們一起合作到現在，幾乎沒有任何口角，甚至個性可說是一拍即合，笑點和默契十足，在我一決定四大極地的計畫後，就積極地邀約攝影師說：「丞哥，人生難得有這樣的機會！都是一輩子不可能去

的地方，這一年我們一起拚吧！」

丞哥回：「彥博，你確定嗎？會不會讓你費用上的壓力大太？而且這麼多場賽事，是不是四個月都不在台灣，我和老婆大人討論一下先。」哎呀，都忘了他是有家室的人了，還跟著我四處跑。隔幾天，丞哥回覆：「彥博，我與太太討論後，願意一起支持你。」「彥博啊，我是大嫂，你可要顧好我家先生的安全耶，不能少一塊肉喔，但多一塊肉可以，哈哈哈，你們倆一切要小心。」談笑聲中，我很感謝有他們的支持與陪伴。

變動訓練計畫後，小幫手來電說：「丞哥來工作室找我們喔。」其實那時我不知道，丞哥是來和小幫手討論，因為出國時間太長了，想減少一場賽事多陪陪家人，卻沒想到我一到辦公室，看到丞哥就熱情地大聲說：「丞哥！

我們多一場移地訓練！下個月一起再去聖母峰基地營吧！地球最高的地方!!」丞哥和小幫手一時愣住，面有難色，但幾天後，丞哥在我的熱情邀約之下，還是陪著我一起上山了。（我真的有點壞）

換帖兄弟的支持

聖母峰，地球上最高、最神聖的地點，最接近死亡與重獲新生命的地方，有多少冒險家、探險家永留於此。

我們在尼泊爾加德滿都機場，幸運地只延誤了三小時起飛，有些旅客已經延遲了三天，只要能見度不高或是天氣狀況不好，飛機就會停飛。坐著十五人座的小飛機，飛行了四十五分鐘之後，搖搖晃晃降落在高山深谷間的盧卡拉機場。機場的海拔高度二八六〇公尺，寬度二十公尺，跑道坡度十八．五度，跑道長度只有四六〇公尺。如果下降不準確，煞車不及可能會撞山壁而跑道盡頭就是懸崖，如果沒有成功起飛，飛機就會掉入萬丈深淵，僅有一次機會，被稱為「全世界為危險的機場」也被冠有「世界屋脊上的跑道」之名，著地前的亂流我真的差點嚇到漏尿。

背上重裝包，我開始這次的負重移地訓練，用八天抵達聖母峰基地營，在海拔五一六〇公尺處住一天後，與嚮導雪巴人開始用跑的方式下山，並回到盧卡拉做長時間耐力訓練。一切計畫完美，在這眾神的山嶺間，期待能夠有好的天氣，能看見遠方的山脈。但在抵達後，連續三天陰天下著雨，天空被雲霧環繞，氣溫濕冷，能見度不高，什麼都看不到。第三天中午，在南切山屋房間裡我突然心裡開始鬱悶、壓迫、想哭，我不知道自己怎麼了，想逃離這一切奪門而出，跑到山崖邊喘口氣，丞哥趕緊跟上來說：「彥博，你還好嗎？怎麼了？」在知道我的狀況後便安慰我：「應該是這一年壓力太大了，事情又多，加上前一場比賽的狀況，所有情緒累積到現在吧，沒事，哥陪你走走。」

是的，這一年，準備、訓練、比賽，忙碌的工作，不斷不斷地重複，沒有任何休息時間，身心長期處於緊繃的邊緣，不斷承受壓力的累積，漸漸找不到出口與方向，但我了解，這一切都是自己的選擇。堅持，真的很難。在那一刻，還好有丞哥陪我度過這一陣低潮。因我不曾這樣，所以自己也嚇一跳，只能試著不斷調整情緒，希望在靠近聖母峰的過程中，找到平靜的力量。

前行的路上，山巒間，看著當地雪巴人的生活。所有的生活相當不易，學生上學要走一小時的路程，老奶奶背著厚重的菜籃慢慢地行走到下一個小城，以及為了生計背著四個氧氣筒，在海拔四千公尺運送的雪巴人，在那一刻我感受到，自己，真的沒有什麼好驕傲。

抵達下一個山屋後，接上網路沒多久，手機鈴聲想起，是小幫手來電：

「彥博，大嫂懷孕了，你一定要顧好丞哥安全。」（收訊很差我聽成他們家的愛犬正咩）

「她不是結紮了嗎？怎麼會懷孕？不可能啊！」

「是他老婆啦！你這白癡!!」當下我真是哭笑不得。

「但……吼……我實在忍不住和你說，因為他答應你，會陪你一起奮鬥這一年，怕你擔心影響訓練和比賽，所以選擇不和你說。」

這時我拿著電話，轉頭看著他渾身無力、臉色蒼白地躺在山屋休息，心裡一陣感動。

在眾神的山嶺下，心靈被釋放

隔天因為路程遙遠與海拔的關係，加上回程怕跟不上，兩人討論後丞哥決定先慢慢下山：「我就陪你到這了，後續加油啊！幫我和聖母峰問好！不用擔心我。」我們在海拔四千公尺的地方握手相擁，這裡也是他人生爬到最高的地方，道別後有點不捨，我繼續往聖母峰基地營前進，連續一週有人作伴，突然變成一個人感到很孤單。

半夜四點三十分出發，草皮與石頭上結著薄薄的霜，滿天的星光，空氣越來越稀薄，頭開始有一點痛，胃也有點脹氣，我開始感受到心臟劇烈跳動，海拔超過四六〇〇公尺，我慢慢能夠感受到身體在這高海拔中辛苦地運作著，看見沿途有許多紀念碑，上面刻著「Life is a story.」弔念在這山中失去生命的許多靈魂。

幾小時後，後方的夜空慢慢出現了亮光，天空從漆黑變成深藍色，我看見周遭都是六千到八千公尺的雪山包圍著我，這股震撼與美麗，頓時讓所有的不適感全都消失，我一步步小心走著，就怕滑落下崩壁，翻越了一個山頭之後，一大片冰河在眼前出現。

書裡看的，電影播的，就是這裡了嗎？我抵達了五四〇〇公尺的聖

抵達 5400 公尺的基地營，後方就是昆布冰河，再往上就是聖母峰了。

像個頑皮的孩子，在山中與雪巴小孩玩在一起，頓時卸下所有壓力。

母峰基地營，心跳七十二下，血氧濃度六十四%，此刻只有我獨自一人，這裡除了冰河、雪山、寂靜之外，其他什麼都沒有，聖母峰山頂被雲霧遮蔽，看著這神聖的山嶺，我坐了好久，閉上眼用心去感受、聆聽周遭的環境，不時聽到冰河崩裂，或是落石的聲響，接著，又是一陣——寂靜。

我想像著，渴望地想像，此刻世界最高八八四八公尺的山頂景色會是如何呢？

頓時間，雲霧消散，太陽出現了，我看見山頂正在閃閃發光，陽光灑在我的身上，我從冷冽的空氣中感受到暖意。陽光接觸每一寸皮膚，注入到心裡，將過去所有的疑慮，一掃而空，我往後躺了下來，露出許久沒出現的、滿足的微笑。我的肉體在地球最高的地方，接受大自然的洗滌與祝福，感受到心裡有某種東西被釋放了，內心寂靜，一股新的力量從心竄出，是希望，一切重新開始。

我看著聖母峰的攀登路線，在日記本寫下：

「放下，不容易。人都有過去，憶起，令人難受、令人懊悔。透過在大自然間的旅途，疲憊的軀體，誠實地面對自己，懺悔、接受，然後放下。唯有心無罣礙，才能持續向前。」

就這麼剛好，在我抵達聖母峰基地營時，短短一個小時天空突然開了一個洞，陽光四射，所有一切都在發光，緊接著馬上風雲變色，雲霧又蓋住了山巒，下起了大雨，接著連續幾天都是陰天，天氣相當差。大自然令人敬畏，無法征服。

隔天早上，在完成此趟訓練的最高點之後，我帶著不捨的情緒與回憶，回頭，看著聖山，緩緩地彎下腰敬禮，和過去的自己告別，鼓起勇氣，重新出發。向大地之母致謝後，與雪巴嚮導開始加速回程，展開真正的強度訓練，三天的路程，都背著重裝用一天跑完。回到了四天前與丞哥離別的山屋，一樣的地點、一樣的房間、一樣的空間，過去的我們曾在這裡，任何事情都會結束與過去，多了一點憂傷感，很奇妙的感覺。

雪巴嚮導知道我此行是為比賽做訓練，開始火力全開地帶我衝下山，我在後方看著雪巴人的跑步方式，輕盈得像隻鳥，才發現我在山徑上沒有妥善運用所有該使用的肌群。於是向他學習，在山徑中用步伐短、長交替的全新跑法，除了重心穩固，速度也變得更快更省力。

接下來連續四天，我們一天跑上六到九小時，在四千公尺的高度已經可以完全熟睡，身體已經完全適應高海拔環境，也跟著雪巴嚮導吃素十天，都是沒有加工、新鮮的高山食物，我感覺身體狀況越來越好，耐力不斷進步，心態慢慢地調整回來，也開始恢復了一點信心。

在山脈奔跑的過程中，一次次翻越無數的山頭，沒有理由，只管盡情地奔跑，風聲、樹梢聲、鳥鳴聲、喘息聲，不斷交錯，突然間，我想起二〇〇八年在磁北極的感覺，我找回了，曾經喜歡跑步的自己。

待了兩週，除了人變得更黑，頭髮和鬍渣越來越長之外，我的襪子也越來越臭了，經過我的外國人都用尼泊爾語向我打招呼，在登山口的警察也以為我是雪巴人或是嚮導，或是被認為日本人，好不有趣。

隨著海拔高度慢慢降低，回到了吵雜的加德滿都市區，突然有點想念海拔五千公尺以上的寂靜，藉由這反差，才了解原來我們都在繁雜社會的噪音中生活，進而被迫習慣反覆的機械性生活，漸漸讓我們忘了思考，自己是誰。

人體，是適應能力最強的武器

回台灣後，連續幾天明顯懶洋洋的，無力、嗜睡、腹瀉，或是在晚上的時候有點茫茫的下山回到加德滿都，向神祈願平安。

四大極地能挑戰完成嗎？ OK 的～

對於夢想一旦下定決心，就用所有青春歲月投入，用一輩子的態度去追尋。
我相信，你的努力，不會背叛你。

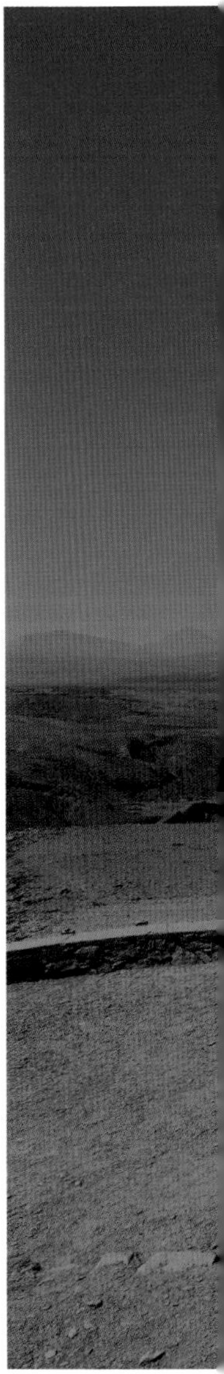

感覺，講話和動作也變得慢慢的，看了研究才知道原來是上升海拔高度後血紅蛋白增高，身體已經適應高原地區的低氧環境，重新回到氧氣含量相對高的地方，就會再次發生不適應「脫適應」，這種現象稱為「低原反應」，或是在醫學上也俗稱「醉氧症」或是「氧中毒」，這和潛水的道理有些類似。多補充水分、多吃抗氧化食物、多休息，一週內可以慢慢恢復，這些在高壓氧治療的文獻及臨床上皆有記載。

要適應各種不同的氣候與海拔高度，身體的改變與適應，讓我感到人體的變化真是太奇妙了！

烈陽、高溫、沙漠風暴、高原、強風、大雨、低溫、雪地，都是這一年四大極地賽中必須要面對的極端環境，每一場都相當艱困，除了不斷地訓練，沒有假日、沒有時間休息，並且要密集地出賽、調時差，更必須管控好生活、飲食與回復狀況。

這次我更加謹慎地實行賽前飲食調整，效果比以往更好，徹底拒絕了所有垃圾食物，有時真的真的受不了，就買一份炸雞，只聞味道，接著遞給小幫手請她吃給我看，是有點變態，但想考驗自己誘惑在前，意志與自律究竟能做到多少。我幾乎滴酒不沾，做足了準備，希望這一切的努力，有所回報。

STEP 3

挑戰四百年沒下過雨的沙漠

第三站智利與最終站南極洲，因為間隔只有五個禮拜，所以決定繼續留在南美洲訓練再轉往南極洲，這一趟出國快三個月，加上南極比賽使用完全不同的裝備系統，行李裝備三大袋，多得嚇人。

在紐西蘭轉機時海關看我與攝影師的裝備有五大袋，便請我們前往一旁進行行李檢查。

海關：「接下來你要飛往哪個國家？請出示機票證明。」

我：「好的（拿出之後兩個月飛行的十四張機票資料）。」

photo by RacingThePlanet

海關看了看眉頭一皺，開始問更多更詳細的資訊，然後遞了一杯水請我們坐著等待。接著所有行李開始全部都被打開檢查，每一個物品、食物、每個裝備都被拿出來仔細地詢問，我和海關你一問我一答，長時間固定的頻率我差點編成一首饒舌歌曲。他們也仔細看著我的眼睛，問我有沒有使用運動禁藥，再問我有沒有吸古柯鹼。全部快結束時，我嘆了一口氣，結果海關好像看到什麼突然定格不動，眉毛跳了一下，接著尷尬又好笑的事情來了，先是看了蛋白粉，又看到水壺備用的塑膠吸管套，海關拿起來看再思索一陣子，通知其他航警也過來，三百六十度的翻轉查看，我感受到他們的熱情就想抓到你喊賓果！像是柯南一樣很想解出謎題，說出真相只有一個。

他說：「這不像是水壺管，像是別的用途，你知道我在說什麼嗎？（吸食器之類的）還有你的食物、

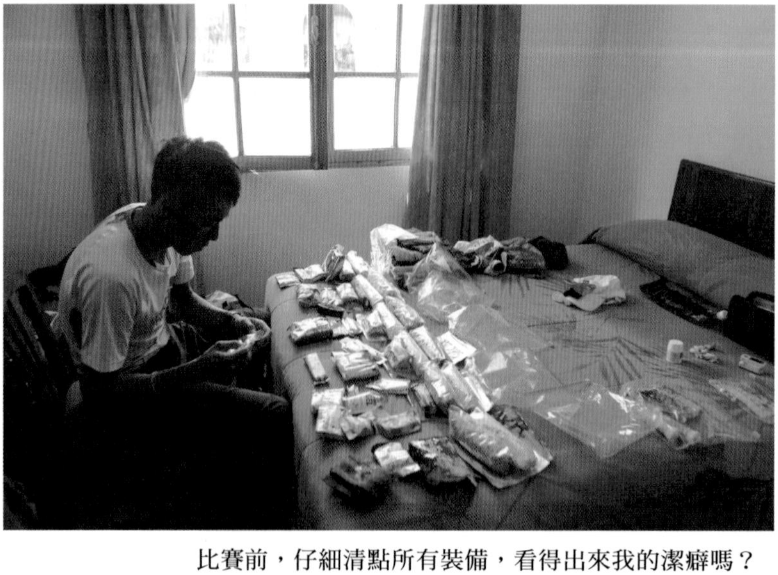

比賽前，仔細清點所有裝備，看得出來我的潔癖嗎？

兇手就是這兩個塑膠管套啦 !!

行李箱我們全部要抽樣做一些化驗。」

我緊張到噴汗，以為他們在開玩笑，口沫橫飛地解釋所有運動食物的補給用途，像是考試一樣，突然間研究所老師教的全用上，他們才真的相信我，後來他們查詢到我所參加過的比賽後，情況頓時逆轉，大家一陣歡呼，紛紛跑來和我合照，說抱歉後請我加油。檢查時間破了過往紀錄，整整花了三個多小時，不過還好，全都順利過關。很驚險的一次經驗，也令人哭笑不得。

長途飛行了二十六小時，轉機四次，加上車程，近兩天的交通時間，我們終於抵達比賽集合地點——智利的卡拉馬，因為累癱了再加上時差，我沒吃晚飯就直接昏睡到隔天。

乾燥空氣中最美的星空

阿他加馬沙漠是位於南美洲西海岸中部的沙漠，南北綿延將近一千公里，主體位於智利北部境內，也有部分位於祕魯、玻利維亞和阿根廷。在一五七〇年至一九九八年，長達四百多年幾乎未曾下雨，年平均降雨量小於〇．一毫米，甚至沙漠一些地區的土壤中完全不存在任何生命跡象，連基本的單細胞生物也沒有，為世界上最為乾燥的地方。

高溫、高原，貧瘠且具強酸性的土壤，甚至連細菌都無法存活，僅有少數的地衣、仙人掌生長。這一切的環境，都大大增加了這場賽事的難度與艱困。

出發前記得吳俊輝教授和我分享，這裡全年只有二十天可以看到雲朵，高海拔、乾燥、沒有光汙染，成為世界上最適合觀星、天文觀測的地點。許多國家科研機構在這裡建造了最大的天文台，以及斥資十三億美元的阿他加馬大型毫米波／亞毫米波陣列望遠鏡（ALMA），六十六個望遠鏡同時運作，更能清楚看見宇宙間的天體。我期待著，在比賽逐漸深入無人跡

photo by RacingThePlanet

阿他加馬沙漠空氣乾燥，萬里無雲，紫外線也高得嚇人。

的沙漠時，能在夜晚看見滿天繁星與銀河的景象。

早上起床後喉嚨乾痛到咳嗽，指甲旁的皮膚也不斷地裂開，才一晚我就感受到極度乾燥空氣的威力，不時擦上凡士林以濕潤皮膚。我提早了四天抵達，以適應海拔二四〇〇公尺的高度，準備開始備戰。前三天確認狀況良好後，在第四天安排前往更高的三八〇〇公尺的高原，讓身體再適應，我感覺到狀況相當好。

第五天所有選手抵達，主辦單位開始例行的裝備檢查，「Tommy！」我回頭一看，是上一場戈壁賽事的羅馬尼亞選手朱利安，這一場他也來參賽，看來又將是一場激烈的戰鬥。但我早已做好準備，在聖母峰的訓練後，我把裝備包盡可能減到最輕的重量，七天的所有食物、睡袋、睡墊、頭燈、電池與強制裝備，只有六．四公斤。打包系統這次分裝得相當完整，我發現許多選手都偷偷打量我的打包方式，賽前已經充滿較勁的氣氛了。

我的計畫是，在高原背負的重量，將會比平地有更多的負擔與加重體力的消耗，我把牙刷剪得更短，不帶替換的衣服，將所有東西追求極致的輕量化，只要能讓背包輕一點，即使少〇．一公斤可以換取快一點的速度，一切都值得。在高原競賽一天會消耗將近四到五千大卡，但我計畫一天的食物補充只有兩千卡，意思是我將會一天比一天消瘦，在最後一絲力氣用盡時剛好抵達終點，並將重點押注在七十六公里的長賽程，不容許有任何失誤，這場如果落後，就沒有機會拚總冠軍積分了。

沮喪再度來襲

起跑後，我跟在領先的主集團中，照著先前演練的計畫競賽，但一切突然背道而馳，前方選手快速把我拉開，即使我怎麼費盡全力始終都跟不上，喘得相當難受。第一天抵達時，我的排名是第四名，落後十五分鐘，後方的追兵一個個相繼抵達，令我不解的是，抵達終點時大家都顯得相當輕鬆，而我已經幾乎用了全力在拚，速度相當慢，完全跟不上前方的選手，而且身體發冷，不斷連續打噴嚏、流鼻水，有點發燒的感覺，狀況非常非常的差。

「不可能！我不可能落後這麼多！是訓練不夠嗎？」

「還是上一場熱衰竭的傷害已經對身體造成影響……」

「聖母峰的移地訓練沒有效果嗎？」

「還是大家都變強，只有我變弱了？」

當下我已經開始懷疑自己，非常沮喪。

三二〇〇公尺的高原加上空氣極度乾燥，白天相當熱，在當地大家都穿著短袖或是熱到打赤膊，只有我穿著羽絨外套、毛帽、手套、長褲，停不下來的噴嚏和鼻水，全身畏寒發冷，不知道是過敏還是發燒，和其他選手有相當大的落差，大家用異樣的眼光看我，知道我狀況不好，他們曉得機會來了！

在 EBC 訓練的全新跑法，就算沙漠中傾斜的下坡，也能夠身輕如燕地加速。

「靠……好……好……冷……」半夜兩點氣溫降到一度，我被凍醒後發抖著無法入睡，一天溫差達到三十度以上。第一天！才第一天我已經快要喪失鬥志，整晚難過到無法入睡，也許我會輸了這場比賽，也許真的跑不下去了，我在睡袋裡閉上眼不斷安慰自己，告訴自己冷靜！冷靜下來，告訴自己不要陷入低潮，思考！告訴自己要用什麼心態去面對接下來的六天。專注！該用什麼策略戰術來應變。

photo by RacingThePlanet

逆境之下的專注

經過一夜的休息，第二天是地形較險峻的路段，我試著沉著應戰，要先橫越二十三條極冰的巨石河流，那是切進去峽谷太陽照射不到的地方，氣溫至少低十度，彷彿是兩個世界，我在後方跟著其他選手前進，觀察水位深度及路線，好節省體力。一小時後，原以為已經被拉得很遠，沒想到右轉過了一個峽谷，我驚訝看見領先集團的身影就在前方，正要爬下巨石進入冰冷的河流中。這激起了我奮力一拚的企圖心，不管如何，今天都要咬緊跟在後方，等待機會。大家正排隊一個個小心翼翼地爬下巨石，我在後方趕緊檢查裝備包有沒有拉緊，就怕如果跌到溪流中，所有的食物和羽絨外套就會毀於一旦。

「咚！」我跳下冷冽的溪流中，立刻感到刺骨寒意，水溫比我想像的更冰、更凍，令我牙齒不斷打顫。水流非常湍急，我非常專注在維持重心平衡，把每一步都踩穩，但腳下有時會打滑或是踩空，我趕緊將右手扶在岩壁上，就怕一個不小心，踩錯一步或是打滑扭到，摔到水裡，比賽就結束了。

在經過CP1時，領先的集團再次衝了出去，我趕緊衝刺跟上，如果不採取行動一定會再度落後。開始一連串的碎石爬坡與沙丘地形，我緊跟在後方觀察，他們喘氣聲音變得很急促，上坡的速度明顯變慢了，我推判昨天他們在三六〇〇公尺高原的賽程也許速度過快，累

photo by RacingThePlanet

photo by RacingThePlanet

積了許多乳酸造成今天極度疲勞，也許明天就會恢復，所以現在將是我的機會！

過了CP2，我開始大膽加速，沒想到在第二天第一個抵達終點，我握拳大叫一聲，一掃昨天糟糕的情緒與狀態。鼓勵自己：「我還能跑！我不會輸了這場比賽！一切的訓練都是有效的！還有機會拚！」此刻體能狀況很好，腿部還沒有累積太多疲憊與痛楚。很奇妙的，第一天抵達時有失落感，第二天卻轉變成自信。在困境中各種問題都會一一出現，低潮中要去克服恐懼，勇敢面對處理它，事情總是會時好時壞，沒有什麼會永遠持續。我想這就是超馬賽的刺激與心理巨大轉變的地方，但隔沒多久，我又開始停不下來地打噴嚏和流鼻水。

越深入沙漠，氣溫也越來越低，半夜三點都會被凍醒，我得把身體蜷成一圈才能維持體溫。印地安架構式的帳篷，門口空氣流通，風也很大，或是進進出出常常會被吵醒，怕冷的我，都會選最裡面的位置。

「啊啊～～」睡到一半，大家突然被驚醒，原來是美國選手睡著時，只要聽到一點聲音，或是睡墊、拉開帳篷拉鍊的聲音，他就會突然嚇醒大叫，連續六個晚上，我們都會不斷地被他的叫聲嚇到。

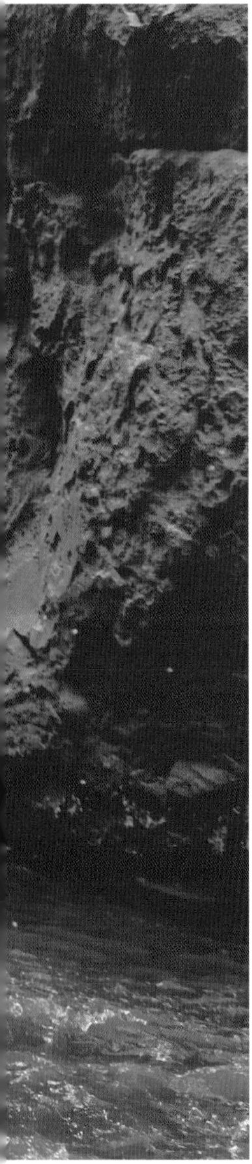

路線和氣溫都不斷快速地變化，考驗選手的各種能力。

再度拿到總名次第一的號碼布，一掃戈壁陰影，再度重拾信心。

photo by RacingThePlanet

向浩瀚的宇宙禱告

第三天賽程開始，我的號碼布變成黃色的Leader（代表總成績的領先），這也是壓力的開始，前五名選手不斷地糾纏拉鋸，後來沒有人想先領跑或是發動攻勢，一直到最後五公里才開始一決勝負。但幸運的是，最後賽段是我拿手的沙丘攀爬地形（在二〇一五年美國G2G賽事已經有經驗，也向MDS的冠軍Mohamed Ahansal請教過許多技巧），我爭取到一分鐘的領先，搶下第一衝到終點，也用領先兩天的心理戰術讓對方產生壓力，但在二四〇〇公尺的高原上，身體已經開始極度疲勞……

而糟糕的是感冒依然沒有好轉，頭暈、無力、又不斷流鼻水打噴嚏。

每當大家問我：「Tommy, Are you all right?」

我總是當作沒事一樣笑臉回答：「I'm very, very great.」，然後再用衛生紙塞到另一個鼻孔堵住鼻涕。

「嘶……」天啊……我的睡墊竟然開始漏氣，兇手是仙人掌的刺，手邊沒有修補的工具，只能睡在坑坑巴巴的鹽鹼地上，體脂肪略低的我睡得相當疼痛，沒有一天能夠入睡，幾乎都是淺眠、冷醒，或是又被叫聲嚇醒，疲憊變得一天比一天還要劇烈。

第四天賽程，前幾名的選手已經恢復許多，北愛爾蘭選手Neill突破重圍領先第一，快了我九分鐘抵達，厚重的裝備包四天下來，讓我的頸部、背部痠痛到像針在刺。沒有睡墊，睡在鹽鹼地上幾天下來，痛到骨頭裡快炸開，大腿也快要抽筋，這一切，都和上一場戈壁賽事發生的情況一模一樣，領先、又被追過，希望明天身體不要再發生任何狀況，心裡的憂慮與不安感越來越強烈，這陰影無法擺脫、無法忘記……現在想到，手還是會因有一點恐懼而發抖……

被壓力所籠罩無法入睡，便起身離開帳篷出去上廁所，我關掉頭燈，原以為會是一片漆黑，「哇……」沙漠南方的夜空，漫天繁星閃耀如鑽，銀河高掛天頂，真是太壯觀了。

我緩慢地深呼吸，將煩惱與壓力慢

太陽下山後，高原氣溫遽降，選手們彼此烤火取暖，也是一天最幸福的時刻。

photo by RacingThePlanet

慢吐出，重複了幾次，頓時忘了所有壓力，這晚一切如此柔和，看著天空的銀河，彷彿和大地是一體的，我仰頭靜靜仰望著星空，麥哲倫星雲、南十字星、金星、火星，在這一刻，我找到了內心的寂靜。看著銀河，感受到前所未有的平和、平靜，彷彿聽見了宇宙的聲音。

儘管身體疲憊，但我真的覺得我是全世界最幸福的人。

我向宇宙祈禱，期望讓我平安地完成明天的賽事，以及今年的計畫。

STEP 4

落後之下的逆轉勝

「Tommy，你今天要怎麼跑？」出發前，帳篷內的美國選手問我說。

我說：「看狀況吧，隨機應變，也許等待到最後的二十公里。」

「嗯，我有從其他選手那聽到消息，Neill說他要在今天結束這場比賽，他將會全力衝刺與你拉開，你今天是一場硬戰，是決勝的關鍵，加油！」

高原下競賽讓腳已經開始水腫，特地準備大一．五號的越野跑鞋，也很難穿下，腳趾與大拇指指甲的血泡更令人咬牙難以忍受，但都已經是最後的長賽程了，再痛也要忍過。

在起跑線上，腦中不斷想起上一站戈壁沙漠五十六度，因為熱衰竭倒下失去冠軍，這挫敗與痛苦一直影響著我，不知道自己是否還能撐下去……會不會又再度重演……

決勝日，出發！

Long Day，破曉時刻，決勝日！

這也是令我壓力最大、最害怕的一天。

出發後，果然如美國選手說的一樣，前五名選手很快就把我拉開，因為大家都知道這是最後決勝的機會，也是最後的關鍵日，總時間都只差一小時內，一切的排名順序將會在這天大幅變動。我和德國選手Ben成為盟友，一起互相帶領配速、擋風、找賽道標記，很努力追趕，但前四天累積的疲勞，令我們無法提升速度也異常地疲憊，不過彼此仍互相不斷鼓勵著，每過一個CP都會互擊拳頭，一起喊著：

「Keep faith, almost there, we will be very strong today!」

原本深具信心以為有機會追上，但在一望無際的沙漠連個人影都沒看到，過了二十公里、三十公里、四十公里、五十公里……我們闖過一個又一個檢查站，都會看時間紀錄表檢查與前方選手的差距，沒想到從十分鐘，慢慢不斷地被拉開近半個小時，意味著他們沒有變慢，而是一直不斷在加速。隨著逼近正午，天氣越來越熱，橫越沼澤、草叢、鹽鹼地、沙漠、攀爬沙丘……在制高點卻沒有看見前方的任何人影，完全沒有追到的跡象，檢查站的工作人員也認為我沒有機會了，從自信，慢慢沒信心，然後失去信念……

慢慢靠近五十五公里時，也是上次賽事倒下的距離，慘了！低血糖再度襲來，伴隨著熟悉的暈眩感，劇烈疲憊也讓我越來越想吐，在攀爬沙丘後，「嗚噁噁噁……」我吐了出來，全都是水與電解質噁心的味道，害怕著，噩夢要再度重演。

賽道坐落在一望無際的鹽鹼盆地、火山岩漿熔岩、乾旱無雨的沙漠砂礫上，用雙腳不斷橫越各種大自然的地形，我無法相信眼前壯闊的場景，以為自己跑在火星上。

當地居民說，因為地質類似火星地表，有許多電影在此拍攝，NASA也在此做模擬火星任務的研究測試場地，更傳言曾在這裡挖出十五公分的外星人。曾有美國地理學家說：「無論在南極、北極或任何其他的沙漠，剷起一塊土，總能發現細菌。但在這裡，你什麼都找不到。」

我們陷入一番苦戰，終於攻上沙丘的最高點，看見前方又是一望無際的鹽地與沙丘，無止盡地蔓延，彷彿永遠跑不到終點一樣。經過了檢查站，工作人員強制要我們把兩公升的水加滿，因為接下來的賽段氣溫將會變得相當高。

多日、長時間、超長距離賽事一直是我的拿手項目，總是能夠撐得比別人久，但我聽到工作人員的提醒後，心裡感到相當不安，深怕上一站的熱衰竭事件再度發生，這記憶與教訓深植在我腦海裡，是種無法擺脫的深層恐懼。但我心裡也非常清楚，如果沒有撐過去，後方

面對恐懼，才能超越原來的自己。

的選手很快就會追上來，我就會失去拚年度總冠軍的機會了。

我真的一度以為自己要撐不下去了，水泡和血泡早已破掉，每踏出一步都得忍著疼痛不斷撞擊腳趾，沒有任何人影，沒有任何追近的跡象，沒有希望、沒有機會……

「就這樣了嗎？……這就是我用盡力氣，最後的結局了嗎？……」

「這場比賽，難道就要這樣結束了嗎？……」

「撐下去，拜託一定要撐過去，如果在這裡倒下，就沒有任何機會了。」

「戈壁的熱都撐過了，這算什麼！加拿大七百公里都撐過了，我辦得到的！」

逆轉勝，以總成績第一奪冠。

越過沙丘，戰勝恐懼的喜悅

鼓勵，我不斷鼓勵自己，握緊拳頭，我不能再一次倒下，忍著疼痛到CP6，終於突破心理的障礙，突然間，前方好像出現了像是人影的小黑點。

「Tommy! Tommy! See! 我們追到他們了！」Ben大聲吼著，把我從絕望中震醒「喝啊！Yes! Yes! We've made it!」我們互看擊掌一起大叫著！推算是二十多分鐘的距離，但終點只剩十七公里，這是我的最後機會了！如果不追趕，就會輸了這場比賽！我趕緊吃了最後的Gu，還有最後一口營養棒，便和Ben大喊：「這是我們最後的機會！Ben！別失去信念！我們終點見！」

「Go Tommy!!! Show how to run!!!」Ben也大喊著。

我開始瘋狂地拔腿狂奔，忘了疼痛，忘了痛苦，不斷以每公里四分鐘的速度衝刺，大口呼吸著，在二四〇〇公尺的高原衝刺呼吸著。和自己戰鬥吧，這是和自己的戰鬥，每個人，都正和自己戰鬥著！只要有一絲機會，都應該要全力以赴。

如果到終點沒有盡全力，還能站著帶著遺憾結束，那這一切還有意義嗎？

衝刺吧！陳彥博！跑吧！盡全力跑吧!!

我追過了二到三名的選手，接下來，就只剩第一名的Neill了，奔馳了八公里，前方終於出現了很小的人影，追到了！真的追到了！一切就如計畫一樣！就是現在！此時此刻!!我能贏!!我咬著牙衝刺，經過了最後一個CP7檢查站，Neill看到我追了上來，在最後的爬坡路段也開始加速，大腿、阿基里斯腱、肩膀，已經痛到快炸裂，嘴唇也乾裂，開始有點高海拔頭痛的現象，但是我不管了，我不管了！我要戰勝這場比賽!!

這股強烈的企圖心轉變成自信，勝利不遠了！再撐一下啊！前前後後開始最後的互相衝刺與較量，直到最後的五公里，我開始將距離拉開，拚了命不斷衝刺，每一步推蹬，腳下每一顆細沙、每一個石頭，都是如此熟悉，我再度找回以前的感覺。在一望無盡的荒野中，每天看到小小的終點營地是最大的動力。

我看著GPS手錶顯示公里數已經差不多要抵達終點了，但不管我怎麼四處瞪大眼睛搜尋，卻只能看到延綿不斷的沙丘，完全沒有終點營地的蹤跡，不知道還能撐多久。

右轉過了大岩石與沙丘後，前方終於出現了終點線！

「喝啊啊啊啊啊啊啊啊！喝啊啊啊啊啊!!」

「到了！到了啊！真的辦到了啊啊啊！我衝到終點了!!」我振臂對天空大喊著！經過了

戈壁的挫敗後，我以為再也無法站起，沒想到，我辦到了！真的再度辦到了！這一切的努力，全都是值得的，第三站總成績第一名完賽。

從失落轉變成自信、壓力、挫敗，最後再度站起，心裡不斷承受著許多轉變，這七天的賽事，像是人生中的縮影。面對最害怕的恐懼，不斷和內心抗衡，時而動搖、時而堅強，但如果放棄，比賽早就在那一刻結束了。恐懼將會轉化成助力，壓力將是成長的考驗。

前三名選手合影。（左為德國的 Ben，右為北愛爾蘭的 Neill）

LEADER
ATACAMA CROSSING
2016
photo by RacingThePlanet

過去的經驗，都是新的學習，
提醒自己不要抱怨，
撐過、挺過，就是你的。
堅持，似乎看不到盡頭，
想像著，終點的喜悅，
期盼著，振臂的吶喊，
閉上嘴，收起抱怨，
然後咬牙繼續努力，
如果你不把自己當一回事，
你的人生也不會是一回事。

人生的重點，
不在於勝利，在於努力。

接下來，
是四十天後，
四大極地最後的一場賽事——南極二百五十公里，
就快結束了！
這一年的奮戰，
將要進入最後一場了！
四大極地總冠軍，
不遠了！

大自然是最完美的雕刻師，
每天雕磨一點點，
創建如此動人的景色！

如果你說了不可能，
等於局限了自己可以做到的事。

photo by RacingThePlanet

保持**堅強**，
保持**信念**。

四大極地
大滿貫總冠軍賽

2016 4 Deserts Grand Slam Champions

第四站

南極洲

ANTARCTICA

| 總里程：**250km** ／天數：**5** 天 |

Day	1	87km
Day	2	57km
Day	3	75km
Day	4	15km
Day	5	30km

STEP 1

航向偉大的航道

距離最後一場南極賽事，僅有四十天的時間，眨一眨眼，我又在飛機上了，感覺才一瞬間，賽事結束後我前往復活島休息與恢復訓練一週，接著飛到智利南部蓬塔阿雷納斯、百內塔國家公園、格雷冰川、阿根廷莫雷諾冰川繼續訓練，最後，前往世界最南端的城市，阿根廷的烏蘇懷亞，維持體能準備邁向最後一場賽事。

每一場賽事戰役結束，好不容易有短暫幾天可以停下來喘口氣，我非常珍惜這段時光，稍微能夠卸下壓力，並靜靜地思考著：人生，到底是為了什麼？夢想，到

底在追求什麼？

離家好一陣子了，獨自一人追逐這條路，內心深處，其實有許多寂寞與孤單，但也許獨自一人對我來說，正是一個狀態，一個空間，讓我真正做自己，去追逐我所熱愛的事情。

我相信，真正的快樂只能從內心尋找，並不在於擁有的物質與你身處在何方，來做為衡量快樂的定義。

很多人認為追逐夢想，最糟糕的是沒有機會、缺少運氣，或是沒有入選、只得到第二名或是輸了比賽。而我認為最糟糕的事情，是發現自己沒有進步，窩在自己安逸的舒適圈中，只有想像，永遠沒有實踐的行動力。

前往南極，破冰前進！

夢幻的冰原大陸

二〇一六年十一月十八日，我終於來到了世界盡頭，看著南美洲最南端的一座燈塔，再過去就是南極了。

「嗚～～」船笛聲響起，引擎葉片捲起了浪花，啟航了。從比格爾海峽往南航行三天約九百七十公里，前往四大極地最終站——南極洲，二百五十公里的賽事是最後的旅程。

大家爭相到船板的前方，我像電影《鐵達尼號》的傑克一樣，興奮地衝到船頭大叫：「I'm the king of the world!」只差沒有女主角而已，一旁的攝影師丞哥，只好無辜地被迫充當臨演來上一段。

我站在船頭，看著一望無際的海洋，最終站了，也是今年最後的一場賽事了，一切都發生得好快，納米比亞沙漠、戈壁沙漠、阿他加馬沙漠，一場場的賽事接連結束，現在已經出發前往南極，都還來不及消化所有一切，下一場，又到了……

航行兩天的日子都在做什麼呢？事情可多了，科考船上每天都有安排講座課程，可以自由參加，團隊成員都是來自不同領域的專家學者，有地質學家、歷史學家、動植物專家等等，由他們介紹地球起源、南極生態環境、探險歷史、極地動物、科學研究、捕鯨歷史等各種知識，這最終站可說是趟知性的南極探險之旅。

南極，英文名稱「Antarctica」，意指北極的對面，被孤立在地球最南端的大陸，是世界第五大洲，為澳洲的兩倍大，九十八％覆蓋著約一．九公里深的冰蓋，被稱為白色沙漠，最冷的內陸氣溫為攝氏零下九十三．二度，法國官方觀測站記錄到最大風速為每秒一百公尺的颶風，相當於十二級颱風的三倍，是迄今為止世界上記錄到的最大風速，也被稱為風極。當地有七種企鵝、超過四十五種鳥類、六種不同的海豹、一百多種苔蘚植物等的多樣生態。

至今有五十個國家簽署《南極條約》，禁止任何軍事活動、採礦事業、核爆試驗和處置放射物，並支持科學研究，保護南極大陸，它不屬於任何國家，是屬於全人類的。

船長說：「我希望當你們結束這趟旅程時，能夠對地球有更多的了解。」

紅色代表下船，綠色代表上船，
可不能翻錯別人的，不然船就開走啦！

自己改良冰爪，增加磨擦力。

驚濤駭浪的序幕

解説人員結束時突然提到：「喔，對了，今天晚上的航程將會穿越德雷克海峽，如果怕暈船的人可以先吃暈船藥，行走時抓好扶手，以免身體產生不適。」

我想起二〇一〇年第一次前往南極洲比賽時，坐小船吐了八次，嘔吐物還從鼻孔噴出來，痛苦到想跳海尋求解脫的經驗，心裡已經有極度害怕的心理準備了。我有點害怕坐船，但這應該熬得過去，更何況這還是艘大船，嗯，沒事沒事，挺得過的。

連續十一天，都要住在搖晃的科考船上，看著無邊際的海洋，向未知的一切前進。面對的不是距離的長度、不是難度的挑戰、不是環境的惡劣；是內心的呼喊、大地的召喚，是本能、是理想、是夢想。

這艘船上，大家都懷抱著很大的夢想，每一個人都一樣，能不能夠讓自己去實踐這樣的理想，我想就在於決心吧，每個人的人生都各有困境、猶豫與痛苦的過程，一切都會在抵達終點線時結束。

這一整年，無形的壓力一直都存在著，緊繃得無法釋放，幾乎快無法呼吸，等待起點、等待起跑，一切都是在等待，好想趕快結束。現在總積分在第一的位置，有時會令我喘不過氣，加上訓練時左後腿有點拉傷，心裡一直很憂愁，甚至已經影響到心情……沒有一場是輕鬆的，沒有一場是簡單的，最後一場依然是痛苦的過程，絕對，沒有那麼容易獲勝的。

緊繃的一年就要結束了，這幾天我一直在想，該用什麼樣的心態與情緒，去面對最後一場賽事。也許是開心，開心這一整年度賽季終於結束；也許是憂傷，難過要與每一位選手告別。哎，別想這麼多了，還是早點睡保存體力吧。

「匡！」船身發出一個巨大聲響，我從睡夢中被這聲音驚醒，接著整艘船就像海盜船一樣，上下起伏越搖越猛烈，「匡！」聲音越來越大了，突然間，我從床上飛起來，不到一秒又跌回床上。「匡啷啷啷啷啷！」水瓶、裝備……所有的東西從桌子左邊滑落，接著又被用力甩回右邊，我差點從床上滾下來，得緊緊抓著旁邊的把手，四周天旋地轉，船身不時發出撞擊海浪的聲音，並且左右劇烈地搖晃，傾斜成四十五度之後越來越傾斜，一度窗戶外面幾乎看不到天空，而是緊貼著海面，我開了小燈，和丞哥兩人瞪大著眼睛對看，緊張得似乎心跳都聽得見。

開始了！我們已經進入傳說中讓大家聞風喪膽的——德雷克海峽，此處終年的氣候都相當惡劣，風力經常達到八級以上，浪高甚至高達十到二十公尺，被稱為世界上最危險的海峽，歷史上有五百多艘船在此沉沒，航海家又稱之為「魔鬼海峽」或「死亡走廊」。

南極洲，被「南極繞極流」或稱「南極環流」所環繞著，將溫暖的洋流隔離於南極洲之外，使得南極大陸的巨大冰原不會融化。德雷克海峽終年被強烈的西風帶盤踞著，彷彿大地之母正以風暴之神守護著這片地球上最後的淨土，所有想闖進聖地的人們，都必須經過這段驚滔駭浪的考驗。

這一整晚，幾乎無法入睡，我得用一隻腳踩著床板，讓身體靠近牆壁才不會滾來滾去。可惡，我這超級賽亞人的身體，應該不用吃暈船藥就可以撐過的，此時胃卻開始翻攪，不太妙……果然我用爬的爬到廁所，抱著馬桶吐到不成人形。

隨著越往南航行，風暴與大浪更強，水手對此海域有「咆哮四十度」「狂暴五十度」「尖叫六十度」這些稱呼，即使是萬噸巨輪，也是劇烈地持續搖晃快一天，沒停歇過，我不是在床上躺平休息，就是衝到廁所抱著馬桶，真可說是又哭又叫又跳。

我們的船是一九七六年所建造，荷蘭皇家海軍的海洋研究船，在服役了二十八年後，被翻新成船體長八十九公尺，載有一百一十四名乘客的探險船，能夠克服南極各種惡劣環境。真的好難想像兩百年前，冒險家們是怎麼用木船抵達的。

常被天氣威脅的比賽

「各位船員們早安，我是船長，嘿！大家是否習慣了大浪的感覺呢？今天是登陸南極前重要的日子——大清洗日，請你把所有的裝備拿到大廳集合，祝清洗愉快。」

大家抓著走廊的把手，左搖右晃地扛著大包小包的裝備到大廳集合，為了保有南極的獨特完整性，每一個要登陸南極洲的人員，都必須用吸塵器清理所有要帶上岸的裝備，符合無種子規範，不能汙染南極的每一寸土地和水，以確保維護南極大陸生態不受破壞，尊重大自然這一點是賽事非常重要的守則。

「各位船員，請看船頭左前方四十五度，眼前這一刻太驚奇了！哇！有一隻虎鯨正跟著

photo by RacingThePlanet

我們一起前進。」

大家驚喜地盯著窗外，我走上甲板，看著虎鯨換氣噴出水花，黑眉信天翁、南方大海燕、南極燕鷗在船的上方盤旋飛舞，這些穿越海峽與迷霧後所看見的景象，一切都彷彿正歡迎著我們的到來。

海面出現了浮冰，一旁還有幾隻海獅躺著看著我們，船隻正慢慢地破冰前行，發出低沉的破裂聲，以及高達數百公尺冰層的崩裂聲，有柔和、有雄偉，每一座冰山彷彿擁有不同的獨特生命力，看著心中充滿了無限的感動。我知道，就快要抵達南極了。

為了保護南極的生態不受到影響與破壞，此次賽事規定相當嚴格，安全人員嚴肅說著：「請遵守國際南極旅遊組織協會IAATO的規則，如果有動物例如企鵝或是海豹在賽道上，我們都必須停下來在五公尺距離外，保持安靜，讓動物們先通過後，才能繼續進行賽事。如果沒有遵守，就會被取消資格。」

有選手馬上舉手發問：「那如果是企鵝主動靠近我們呢？那怎麼辦？」

安全人員幽默地回答：「好，那你就得用傳奇巨星麥可傑克森的月球漫步，慢慢地後退。」搞得大家哈哈大笑。

「除此之外，請不要餵食或觸摸任何動物，所有蛋白質或肉類的食物都禁止帶下船。因南極天氣多變，隨時會颳起暴風雪或是強烈的颶風，因此隨時可能會緊急停賽，如果風雪太大無法回到船上，只能等待並自我保護，直到風雪停下來安全為止。每天出發前我們都會公布競賽時間是幾小時，因此這次比賽將是在六天的規定時間內，誰先完成兩百五十公里賽程，或是完成最長的公里數，就是南極賽事的冠軍。」

這下刺激了，身體的負荷將會被逼向極限，沒有辦法休息或是應用任何戰術及策略，每一天都一定要全力衝刺保持領先，因為沒有人知道，天氣什麼時候會突然變壞而停賽。

「匡匡匡！滴滴滴滴滴……」下錨了，明天就要搭小艇登陸南極洲，我已經迫不及待了。晚餐後，主辦人瑪莉做賽前簡報：「歡迎大家，首先恭喜所有參賽者完成前三站賽事，明天就是你們的最終站了，南極!!」大家鼓掌歡呼著。

「這次比賽地點，我們將登陸南極半島，六天登陸不同的小島比賽，因為南極氣候不穩定，前幾年因颳起暴風雪無法登島比賽，而我們的解決方法是將船的甲板變成賽道，四二．一九五公里，選手在船上繞了兩百多圈。我知道大家都不希望這樣，而氣象預報預估往後幾天的天氣可能會變差，前三天我們盡可能拉長時間與公里數。所以，明天的競賽時間為十二個小時整。」

大家突然鴉雀無聲，我的天！這可以説是四大極地賽中難度與強度最高的一次，且因為環境天候限制，所以減少了選手賽間的休息時間，第一天就是場硬仗，就是決勝日啊！

簡報後開始裝備檢查，並做最後的準備，所有選手嘰嘰喳喳地聚在一起聊天，討論並秀出穿什麼防水跑鞋、怎麼改良冰爪、如何準備南極賽事、裝備減輕多少、營養如何補充，一旦聽到對手做了什麼樣的準備與計畫，在自信心不足之下，許多選手都會突然開始懷疑自己的能力和決定，轉身而去又再一次重新確認與調整裝備。我以前確實也會因而慌張，但現在，我早已準備好了。我離開人群，打開艙門站在甲板上，寒風冷冽，我從口中呼出團團霧氣，靜靜地看著南極洲，最後的試煉、最後的考驗就要開始了，這一年所有的付出，總冠軍的夢想都將實現了……我握緊拳頭，既緊張，又相當興奮。

STEP 2 喬治王島的十二小時賽

喬治王島是一八一九年由英國人發現，因氣溫與地理位置較佳，至今有十二個國家在此建設科學考察站，並有一個簡易的機場，為目前最多人類活動的南極島嶼。

而四大極地總冠軍積分戰，最後一戰的戰況非常激烈，我暫時排名第一、義大利的 Andrea 第二（差四分），美國特種部隊的 Kyle 第三（差七分）。

下船前，所有人都必須清洗鞋子，排隊坐上橡皮艇，航行約五到十分鐘前往登陸南極洲，我們迎著風破浪前進，每個人都得緊緊抓好旁邊的安全繩，否則一個破浪彈跳就會摔進冷冽寒凍的海中。距離岸邊越來越近，冰山也越來越清晰，藍天也出現了，巴布亞企鵝好奇地拍打翅膀看著我，我越來越激動，在岸邊踏上了第一步，這一步好踏

實，好不容易，終於抵達了，南極洲！

但我沒時間欣賞風景，起跑倒數五分鐘，我最後再一次檢查身上的裝備，臉部趕緊擦上強力防晒霜，將裝備包繫帶拉緊，防水鞋套確實黏緊，踏上雪地，我可不希望第一天就凍傷或長水泡，讓接下來的跑程痛苦萬分。

只要名次落到第三，或發生扭傷、失溫、凍傷、跑錯路等等任何狀況，都有可能會失去總冠軍獎座，在賽前我感到這次壓力特別大，有時淺眠，或是過度擔心許多狀況，重複檢查裝備的次數也比以往還多三次以上，有時甚至喘不過氣來，我這才了解到，如果想拿下總冠軍，這是必須要承受的壓力，必須保持高抗壓，去適應，只是沒想到，壓力會如此巨大……

鬆軟的雪地讓我吃足了苦頭。跟緊啊，這是最後一戰了！

距離不斷被拉開的起始

「3、2、1！GO！」來自二十三個國家、獲取資格的六十二位選手一起出發，挑戰最終站。因地形、安全因素的考量，賽道皆為繞圈賽，我們沿著科學考察站環繞每圈十四公里，起跑後，美國選手 Kyle 以極快的速度馬上領先飛奔，我在第一圈適應雪地路況及熟悉路線，加上第一天就是十二小時超長賽程，體力將會大量透支，使用較保守的策略跟在後方推進等待機會。才剛出發，左轉後馬上就是一個超陡的上坡，雪相當鬆軟，非常容易打滑，光是爬上去就已經耗費了大半的體力。

第一圈十四公里結束後，我的名次位居第六，這是相當糟糕的名次，如果南極單站沒有排名前三，總冠軍積分可能就會被追過。我正打算開始加速追趕，但賽道的雪況實在太困難，踩下去常常都會打滑，根本無法使力。

雪質的鬆軟程度取決於氣候、溫度、風速、濕度與陽光輻射的影響，氣溫越低時，雪結冰的硬度就會越硬，鞋底將可以獲得較多的摩擦力前進。然而，中午的陽光穿透雲層，讓氣溫些微上升，加上太陽的折射，雪開始有點融化，原本是積雪的陡斜坡路段，幾乎變成了一條滑水道，攀爬變得難上加難，我還摔倒了好幾次。我努力掙扎，試著穩住腳步，所有的跑者都一樣，大家都很清楚，要是一個不小心打滑一步、扭傷了腳踝，接下來都要忍受無窮盡的痛苦，沒得選擇。許多路線開始積水，每踩下去一步，鞋子、襪子就算是防水材質，時間一久也全都濕透了，相當難受，賽道上全都是軟雪，使得困難度一直維持得居高不下，在結冰不扎實的地方，沒有一步是輕鬆的，吹來的寒風時大時小，但都還在能夠掌控體溫的範圍內，我試著加速沉穩應戰，卻不知道為什麼一直慢慢地被拉開。

「不可能……賽前的調整做得還不錯，為什麼一直被拉開……不可能的……」

「糟糕！如果追不到前三，再這樣下去真的拿不到總冠軍……」

五十公里後，我開始負面思考，焦急地問自己該怎麼辦，同時突然感到一陣無力、暈眩、想吐，零下溫度的長時間競賽，導致熱量快速的大量流失，而人體熱量的產生，絕大部分來自攝取不同的食物、基礎代謝率、肌肉活動這三部分。雖然因為寒冷，人體會減少對水分的攝取，但還是可能發生脫水現象。我趕緊吞下自製的起司塊、五個巧克力、一個Gel，大量補充熱量，並喝了幾口水。過了八小時後，膝蓋、腳踝已經開始疼痛，而前方的選手開始慢下來，此時我抓住機會開始急起直追。

十二小時後，第一天賽程結束，我完成了八十七．二公里，暫居第四名，和第二、第三名僅差一公里，和第一名Kyle的差距四公里。在第一站納米比亞遇到的美國選手Kyle，為了準備南極賽事，常常在雪地訓練，這次表現相當亮眼，完全不給我追上的機會。

每個人到終點時都撐著膝蓋，顯現出極度的疲憊，比賽中有八小時，我的鞋子、襪子全都是濕的，腳趾發出陣陣刺痛感，脫鞋檢查後發現還好沒有凍傷。沒有體力拍照，也沒有體力看風景，大家全身發抖，趕緊換衣服，坐上橡皮艇。回程的船上，沒有人說話，和剛出發那時的喜悅有很大的落差。

匆匆洗了個舒服的熱水澡，快速用完晚餐之後，我趕緊躺平睡覺，因為短暫休息後，馬上就要展開第二天的賽事。

photo by RacingThePlanet

強勁的風、寒凍的空氣。南極，是非常艱辛的一戰。

STEP 3

火山岩地形的欺騙島

在遠古冰川時期，南極海底火山噴發，發展成新的小島，火山口塌陷被海水淹沒，形成了像是英文字母C的天然港灣。一八二〇年英國航海家發現這座島，當時因為大霧瀰漫，狹小的入口突然消失又出現，因而將它取名為欺騙島，也稱奇幻島，並且開始在這裡發展捕鯨基地，是人類最早開拓南極的地方。

一九六七年時海底火山爆發，岩漿與火山灰噴發到高空，摧毀了英國、智利、阿根廷的科學考察站，現今這裡依然是座活火山，使這座島成為南極唯一可以進行海底溫泉旅遊的地點。

第二天張開眼，我已經非常疲憊，大家集合在

photo by RacingThePlanet

大廳等待今天的氣象預報與賽程時間，正嘰嘰喳喳討論今天賽程是該讓我們休息，跑短一點了，沒想到主辦單位公布：「今天的競賽時間是七小時，大家加油，你們表現得很棒。」

什麼！七小時!!我幾乎無法接受，因為昨天已經跑了十二小時！今天又是七小時！很不甘願地趕緊換上裝備準備登島繼續競賽，其他的選手也都鴉雀無聲……

THE
NORTH
FACE

雙腿如同針刺的酷刑

第二天為三公里的繞圈賽，從黑石沙灘開始起跑，岸邊因地熱效應沒有任何積雪，接著左轉接上一公里陡上坡的雪路，先是沿著火山口邊緣跑，再銜接陡下坡踏入軟雪和泥濘中，是條相當辛苦的賽道。

剛開始的四小時，我和美國選手Kyle、挪威選手、瑞士選手，我們四人不斷地前後較量，不斷地相互超越領跑，希望能夠拉開彼此的距離爭取排名。五小時後，剩下我和Kyle在競爭，上上下下的路況已經讓我腳踝的刺痛逼近臨界點，每一步都像針刺一樣，慢慢地往裡面插，讓雙腿承受很大的壓力。

七個小時下來，我吃力地緊跟著Kyle同時抵達終點，完成相同的公里數五十七公里，名次上升總排名第二，但只領先三、四名一．五公里而已，壓力大得可怕。

回到船上，我走進餐廳準備吃晚餐時，還以為看到好幾個台灣布袋戲中的黑白郎君，或是日本卡通的麵包超人。原來是許多選手都被晒傷了，因為強烈太陽光的紫外線，加上雪的折射，如果未適當保護好便會造成皮膚表淺性的灼傷，血管擴張呈現泛紅的外觀，黑色素細胞也會被活化，如果太過嚴重，甚至會出現水泡。

晚餐時，大家都顯出疲態，這兩天共跑了一百四十四．二公里，全身肌肉非常疲勞，夜裡屁股和膝蓋不時發出深入骨頭的痠痛，幾乎難以入眠，真的沒辦法再跑長程了，好希望，希望明天只有三小時內的短賽程就好……

身高較高的選手還是有先天優勢，我矮了 Kyle 半截啊！

STEP 4 宛如上天堂的天堂灣

起床時極度疲憊，心態也已經鬆懈，大家熱烈討論著是該讓選手休息的時候了，不可能再跑那麼長的距離，頂多三小時的賽程，或是休息一日，結果沒想到主辦單位公布：「各位選手們早安，我們得知明天天氣將會變差，將有強大的風雪，甚至可能沒辦法下船競賽，所以今天的競賽時間是十小時。」

等等！十小時!!什麼？該死的！又是該死的十小時!!

我聽到後感到一陣絕望：「夠了！不該是這樣

的!!我的身體已經到了極限了！前兩天已經跑了一百四十四公里，腳已經發炎了，我需要休息！夠了！」

這強烈的思緒讓我快要按捺不住……大家聽到後先陷入一陣寂靜，接著開始抱怨，沒有人能夠再承受這樣強烈的負擔，身體會垮的!!

我們搭上橡皮艇，前進到天堂灣，這個過去捕鯨人遇到暴風雪和大浪的時候，都會躲進來避難的港灣，地形上被千年雪峰、萬年冰川三面環繞。這裡風平浪靜，波瀾不驚，海面跟鏡子一樣，美如詩畫，海上漂浮著大量的浮冰，像是穿越時空置身湛藍光芒的冰霧世界，船慢慢地向前行駛，唯恐打破這靜謐如鏡的海面。美到讓我懷疑這一切是否真實的存在，這是至今我在南極看過最美的景色。

無止境的賽道迴圈

突然間，眼前的景象打斷了我的思緒，賽道從冰川後冒出，我們看到賽道的粉紅標記在一個很小很小的島嶼上，整座島覆蓋著厚厚的雪。登島之後，我抬頭一看簡直快昏倒，陡峭爬升的鬆軟雪坡，緊接著陡下的Z字形急彎路線，一圈只有一．四公里，我們要不斷不斷地重複繞跑十小時！天啊！十小時!!我可以理解為了安全考量，賽道皆採繞圈賽，但這也未免太逼人了吧！

這簡直是考驗選手身心的耐力與定性，還有對痛苦的忍受力。我鼓勵自己，能夠撐完的！只要冷靜沉著地作戰，一定可以完成今天的賽程。這是一場意志

力的賽事，就看誰能撐得久。雖然我不斷地這樣和自己對話，但其實心裡已經不想跑下去，起跑兩小時後，我依然處於心理排斥的狀態。

一圈圈地過去，一圈圈地經過，路線很窄只容一人前進，要超越前方的選手相當耗費體力，如果一個站不穩又會摔入雪堆中，繞了不知道幾圈，我慢慢地被前三名選手拉開，又不知道繞了幾圈，我看看手錶，以為已經過了五小時了，卻只過了三個多小時，我還有七個小時要跑！

負面情緒快速累積，我好希望此時此刻突然颳起暴風雪，或是聽到馬上停止比賽的船鳴聲。海上起了大霧，能見度慢慢變差，好幾次我以為聽到船鳴聲，

但回頭一看，結果都是自己的錯覺，比賽過了五小時，我已經瀕臨崩潰的邊緣！

「這什麼比賽！這什麼規定！為什麼連續三天都是痛苦的長賽程！我是人，不是機器！我需要休息！看看我的腳、膝蓋，已經腫得痛到不能跑了，到底還要繞幾圈？我已經繞幾圈了？究竟還在這無止盡的一．四公里狹小圓圈裡繞多久!!」

「答、答答，答答答……」在抱怨的同時，天空竟然從下雪變成下雨，帽子、鞋子、襪子，裝備都濕透，雪地變得更加濕滑，每踩一步都越陷越深，水氣也變得更冷。每一次下坡都打滑，每踩一步腳踝、膝蓋都發出劇烈的抗議

聲，我趕緊套上冰爪，但無濟於事，腳趾頭冰冷的刺痛感從起跑到現在從來沒停過，僅能在抬腳的同時動動腳趾，確保還有知覺，看著前三名選手不斷逼近快要超越我一圈，我卻無法停下來休息，只能咬著牙繼續堅持下去……

為什麼最後一場比賽這麼逼人，眼睛永遠只能低頭專注看著賽道，只要一分神，馬上就會摔倒，連一秒鐘的休息時間都沒有，連停下來喘氣的時間都沒有，根本沒有停下來抬頭看過南極的景色……永遠只能低頭，看著賽道！賽道！

一小時、兩小時、三小時、四小時、五小時、六小時、七小時……到底還要多久！

五圈、十圈、十五圈、二十圈、二十五

圈、三十圈、三十五圈、四十圈……到底還有幾圈！

拜託……誰都好，誰可以現在、立刻就停止這比賽……拜託……快點颳風、下雪、下雨、下雪，賽道的狀況已經快把人逼瘋，我已經要撐不下去了……越來越冷，好想吐……

「混蛋，都撐過那麼多考驗了，你會現在對自己認輸？把你那該死的腳抬起來！抬起來！所有選手都正等著你放棄，也期待你倒下，等你一鬆懈，他們就能夠超越你了，也是他們正等待的。聽好，他們每圈正不斷地盡力在逼近你、要擊垮你，你甘心這樣的結局？只要被他們倒追一圈，你就會開始放棄了!!」

閉嘴！給我閉嘴！離開我的大腦裡！閉嘴啊！

「喝啊啊啊啊啊啊啊啊啊啊啊啊啊啊啊！」我再也壓抑不住內心的負面情緒，對著天空大喊。

「很好！就是這樣！你總是這樣！不會這樣輕易認輸的！繼續往前！把過去到現在所累積的訓練，證明給自己看吧！」

我想起一旁阿根廷的科學考察站，一九八四年一支科考隊在這裡居住研究，熬了兩年即將換班回國時，要離開的人歡天喜地，一位隨隊的醫生卻被通知要在這繼續執守一年，聽到這個消息後醫生精神崩潰，當天深夜，就一把火將科考站燒了。

他用如此激進的方式返回文明，現今科考站雖已重新整修，但也提醒著人們，任何人長時間在極端環境下，精神與毅力都會變得脆弱不堪，儘管眼前風景如畫，天堂與地獄只有一瞬間。想起醫生駐守三年的時間，我這十小時容易多了，我不斷地這樣鼓勵自己。

我總是不斷和自己對話，告訴自己再堅持一下！再堅持一下！

十小時後終於結束了，一樣的景色，重複繞了五十四圈，完成了七十五．六公里，依然排名第二，我的雙腳終於能夠停下來，四大極地，每種氣候、每種賽道的痛苦都是不同的風格，這天在體力上、精神上、意志上極度折磨，折磨到快要崩潰的狀態，不知為什麼，我突然難過得眼眶泛淚，許多選手也是一樣的感覺，來到南極，景色雖美，卻連一眼都沒好好靜下來看過……每一天都在高度壓力的競賽狀態……

三天共跑了兩百二十公里，這晚，關節發出劇烈的疼痛，已經壓不下來了，我吞了兩顆止痛藥才能入睡……真的很痛苦，這痛苦已經超乎我的預期。

但明天最後的三十公里，是否就能夠結束比賽了呢？如果是，那將是奪冠最後機會，我將全力以赴。

STEP 5 強光下的多利安灣

早餐時，坐旁邊的墨西哥選手還帶著墨鏡，我以為他在耍酷，結果他把墨鏡拿下來時，雙眼紅腫全都布滿血絲，「發生什麼事？你還好嗎？」我趕緊關心他。「狀況很不好，昨晚我睡到一半張開眼睛，眼前一片全黑，什麼都看不到，我緊張地去敲醫生的門，Tommy，你知道嗎？我很害怕。」

「醫生說這是暫時性失明，因為前兩天比賽中我有時會把雪鏡拿下來，結果就變這樣了，現在我得二十四小時都帶著墨鏡。」

下船前科考船上的醫生叮嚀著：「各位選手，請為自己鼓掌，前三天你們表現得非常棒，

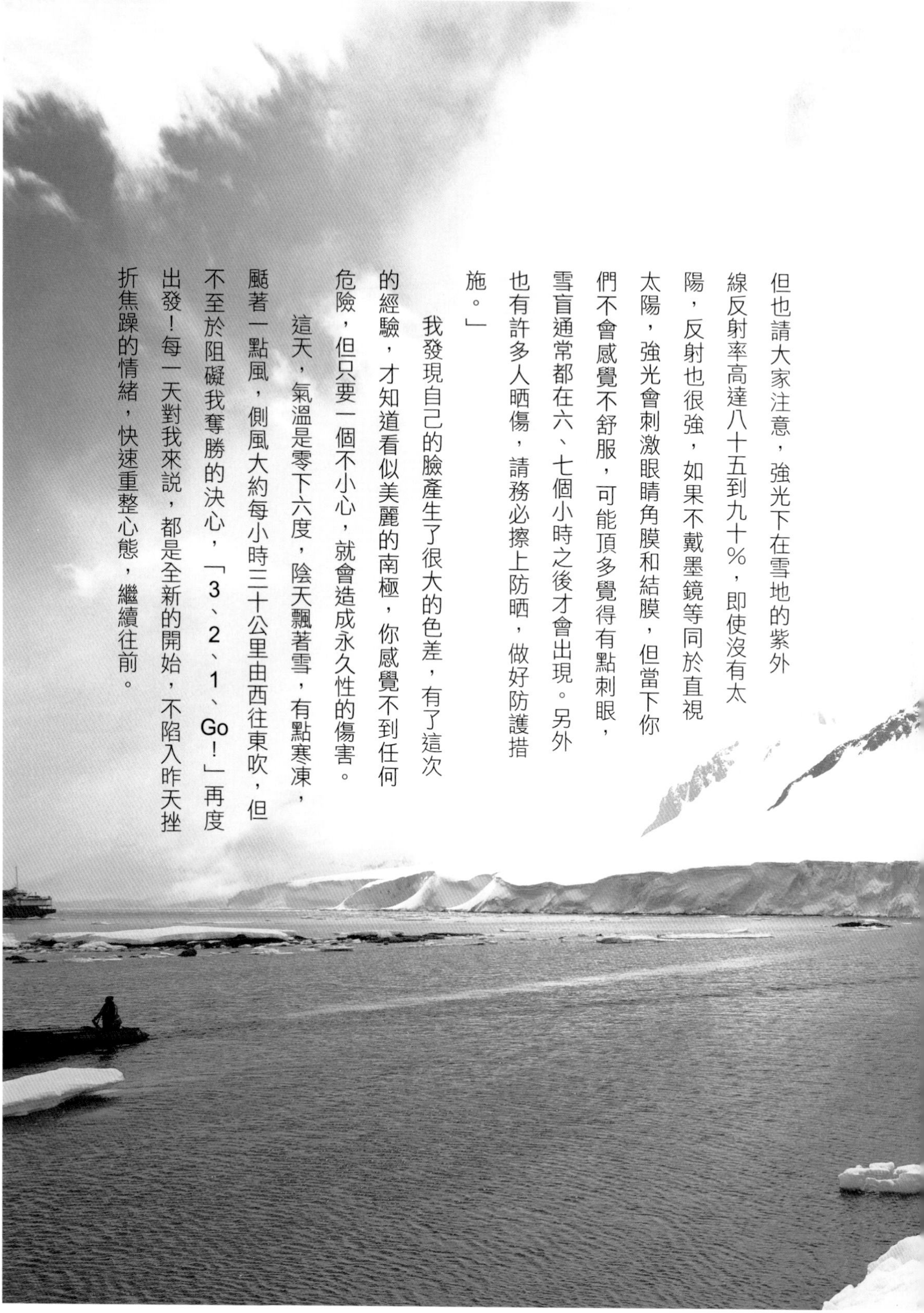

但也請大家注意，強光下在雪地的紫外線反射率高達八十五到九十％，即使沒有太陽，反射也很強，如果不戴墨鏡等同於直視太陽，強光會刺激眼睛角膜和結膜，但當下你們不會感覺不舒服，可能頂多覺得有點刺眼，雪盲通常都在六、七個小時之後才會出現。另外也有許多人晒傷，請務必擦上防晒，做好防護措施。」

我發現自己的臉產生了很大的色差，有了這次的經驗，才知道看似美麗的南極，你感覺不到任何危險，但只要一個不小心，就會造成永久性的傷害。

這天，氣溫是零下六度，陰天飄著雪，有點寒凍，颳著一點風，側風大約每小時三十公里由西往東吹，但不至於阻礙我奪勝的決心，「3、2、1、Go！」再度出發！每一天對我來說，都是全新的開始，不陷入昨天挫折焦躁的情緒，快速重整心態，繼續往前。

photo by RacingThePlanet

暴風雪即將來臨，我開始急起直追。

控制體溫的耐力賽

「咦？大家的速度好像變慢了……」所有選手的體力開始下降，最頑強的美國、瑞士、挪威、義大利四位競爭對手，也在前幾天的激烈賽況中耗損體力，繞了第一圈四公里後，我衝到第一的領先位置，開始加速與大家拉開距離，我極度專注用雙眼掃描雪深及膝的地形，大腦不斷地快速評估雪地路線，身體產生自然的快速反應，腳要踩多深、要推蹬多用力，每一步都踩得穩定，跑感很好，節奏順暢，維持穩定的速度，思緒冷靜，好！該是急起直追的時候了！

第二圈右轉折返，沒有預期地突然颳起了大風，直接灌進衣服裡，把體溫都帶走，我趕緊把帽子戴上，把防水外套與褲子的拉鍊全部拉好，從口中喘出的霧氣結冰在雪鏡中，天空充滿著雲層，位置非常低，看不到任何陽光。看來，今天的天氣只會越來越差，也許真的會颳起暴風雪，如果是這樣，正是我期待的，越是極端的環境，越能發揮我的耐久力。

我保持一樣的速度，但是感到越來越喘，在攝氏五度以下，感覺接受器接收到刺激後，將神經衝動傳回下視丘，隨即做出血管收縮的保護反應，血液加速回流讓心臟的輸出量與血壓增加，防止體溫散失以及增加身體阻隔外在低溫的能力。

在寒凍的南極競賽，管控體溫是一門學問，不能流汗、要不斷地調整速度、定時補充食物產生熱量、拉開拉鍊讓體熱濕氣與外部寒冷的空氣進行對流降溫，不斷重複這些事情，我回頭看著美國選手 Kyle 被拉開了距離，機會來了！盡力不斷地加快自己的速度。

半路殺出的嬌客

「等等！停下來！」爬上一個雪坡後，工作人員對我急喊著，接著做出小聲的手勢，我連忙煞車，「What？發生什麼事了？」以為是雪崩還是有冰縫裂開，緊張地左看右看卻什麼都沒有，接著看見三隻巴布亞企鵝，從左上方的雪坡用肚子滑到賽道上後站起來，搖搖頭，往前跳了幾下，然後左搖右晃地抬頭看著我，相當逗趣。我回頭看著後方的選手已經追了上來，因此得趕緊出發，但忍不住對企鵝發出「嘖嘖嘖、喵喵喵～～」的聲音逗弄牠們。

過了一陣子，企鵝可能覺得我無趣，便從雪堆的一條深溝離開，這是企鵝日復一日走到海邊覓食的路線，稱為「Penguin Highway」（企鵝的高速公路），在這裡，野生動物最大。

「轟！轟！轟！」第三圈後，風勢越來越強勁了，並開始颳起了風雪。冷冽的風雪如利

photo by RacingThePlanet

企鵝出現在賽道中央，像是要加入我們，景象非常有趣。

刃般，狠狠削過皮膚，寒凍的空氣像是穿透防水外套到身體內。我感受到寒凍，口中喘出的霧氣越來越明顯，表示氣溫開始急速下降。「暴風雪，真的來了嗎？」氣溫越來越低，如果皮膚溫度迅速下降到十三度時，就可能造成皮膚組織凍傷，但你不會有感覺，等到發現時已經來不及了。

人為恆溫動物，人體正常的核心溫度約為攝氏三十七度，一般來說體溫並非恆常不變，常會受到空氣溫度、海拔高度、運動的情況以及身上所穿的衣物多寡而受到影響，但變動不會超過一度。當體溫低於三十四度時便會

登島，先觀察天氣，接著馬上轉換裝備。

開始失溫，高達四十五度時，會造成神經系統紊亂、心血管系統輸氧能力下降，即會導致死亡。因此針對處於雪地、沙漠、高山三大環境時人體生理改變的認知，對於極地超級馬拉松運動員極為重要。

第四圈，能見度越來越差，風雪也更大了，前方看不到任何選手，企鵝也都消失，只剩下我一個人，我自己內心的小劇場緊張著：「會不會大家都已經上船避風雪，只剩下我一個人在島上……」我冒著冷汗、心跳加速，過了雪坡後，終於看到終點的人群了，橡皮艇正來回奔波接送選手，頓時鬆了一口氣。

「Tommy，因為暴風雪來襲，今天賽程停止了，所以大家趕緊坐橡皮艇回到船上。」工作人員催促著，並幫我穿上救生衣。持續了三小時，因風雪過大而提前停止比賽。我持續維持和 Kyle 相同公里數，十五．二公里！

而目前總排名為：

1、美國選手 Kyle McCoy：一三九公里

2、台灣選手 Tommy Chen：一三五公里

3、瑞士選手 Filippo Rossi：一二三．八公里

4、挪威選手 Frode Lein：一二三公里

STEP 6 衝向賽途終點的丹科島

這天，我很早就起床看著窗外，深藍色的光，沉靜的冰山，最終日，最後十五公里的距離，我知道，就是今天了！這一年所有的一切，都要在今天結束了，大滿貫世界總冠軍這個夢想，即將要實現了！

下床一站起來，全身肌肉僵硬，腳踝、膝蓋、阿基里斯腱發出強烈的刺痛，似乎在抗議已經沒辦法再跑了，但我今天一定要全力以赴衝線。

早餐時，目前排名第一的前特種部隊美國選手 Kyle 和我聊天：「嘿，兄弟，就是今天了。對了，我很喜歡亞洲文化，華人不是有十二生肖，請問你屬什麼啊？」

「我屬虎。」

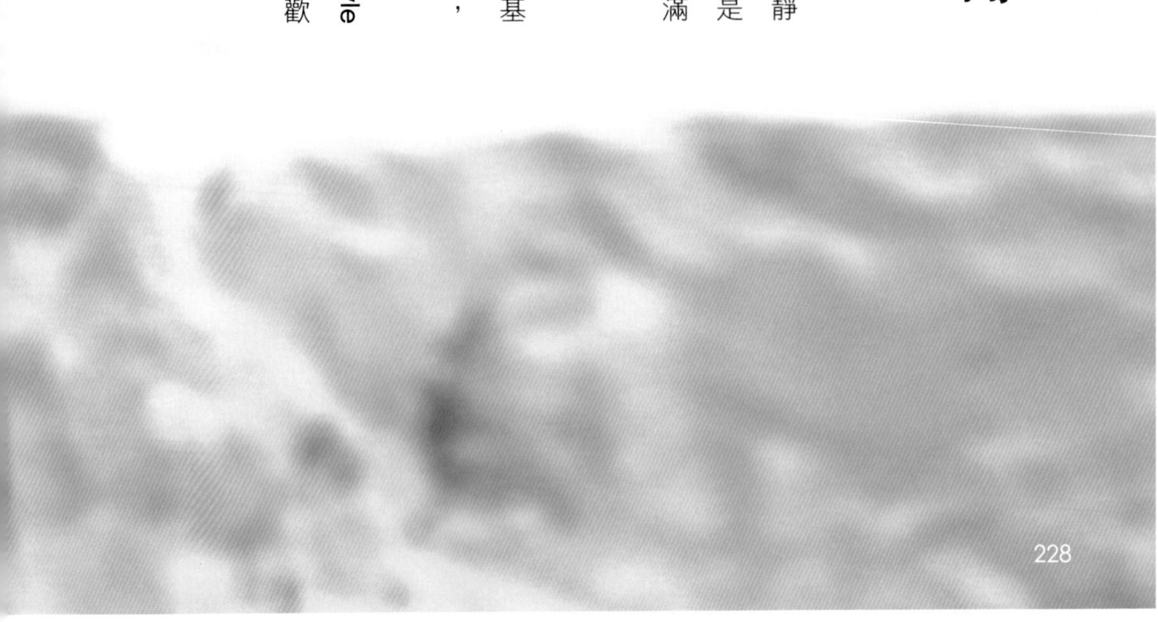

「哈哈哈，難怪，每天都和你拚到壓線，果然是台灣虎，把我緊盯著不放。」

最後一圈的淚水

橡皮艇慢慢靠岸，選手們都發出驚嘆聲，起跑就是連續Z字形的超長陡坡，頂端烏漆抹黑的一塊我們以為是石頭，靠近一看原來是企鵝群。

站上起跑線，也是四大極地賽事最後一次的起跑線了，我們前四名的選手互相擊掌、擁抱，許多選手也前來道賀，因為我們將在今天率先完成兩百五十公里的賽程。

但這天依然不輕鬆，三．一公里的繞圈賽道，位於一座群山環繞而且有許多企鵝棲息的美麗小島嶼。領先的選手都會負責「開路」，把深厚的雪踩平，後方的選手為了省力，也就會跟著前方的腳印走，最後一位最輕鬆，因為已經被前面的選手踩出一條雪路出來。

來到制高點後，轉為接連驟降的下坡，歐美選手都很高、腿也很長，有著體型上的優勢，下坡時雪的深度大約到他們的膝蓋，而我跑下去「刷」一聲就已經陷到腰部了，沿路一直打滑或是卡在雪裡動彈不得，要非常使勁才能移動，同時鞋子、襪子全濕因而腳趾受凍，還有腳發炎的狀況越來越嚴重，也越來越腫，痛到每一步都幾乎要崩潰……而且似乎每個人都一

樣，但只要終點還沒有到，都要用盡百分百的毅力硬撐著。

一圈、兩圈、三圈、四圈……隨著一圈圈結束，我的情緒開始越來越激動。

「這是你的最後一圈了！Tommy，恭喜你，好好享受最後這一段路。」

最後一圈了嗎？真的最後一圈了？這一年已經完成九百九十七公里的賽程了！最後三公里了，最後一圈了啊！爬上山頂的同時，我握緊拳頭，捶著胸口大叫了一聲，這一振臂，是對自己的鼓舞，也是解脫。

這一圈結束，我就不會再上來這山頂了，環顧三百六十度，港灣在陽光照射下，白雪閃耀得像是幾千萬顆的鑽石，這一切，追逐四大極地天馬行空的夢想，像是追逐內心渴望的自由，讓我們盲目奉獻，不顧一切想前往，這不可思議的夢想之地。跑在世界最偏遠、有如詩畫的區域確實折磨，但一切都非常值得。

我從裝備包側袋拿出那期待已久的國旗，陪著我八年四處征戰的國旗，在風中拉開，開始做最後的衝刺，即使腳已經痛到令人嘶吼，我依然繼續跑著，大口喘氣地跑著，就要到了！陳彥博！就要到了啊！

回想納米比亞沙漠、戈壁沙漠、阿他加馬沙漠，還有現在的南極洲，我不敢相信，這一切，都要抵達終點了！我邊跑邊笑邊大聲哭著，知道這一切即將結束，讓眼淚直流，讓思緒奔馳。

納米比亞沙漠
NAMIBIA DESERT

戈壁沙漠
GOBI DESERT

阿他加馬沙漠
ATACAMA DESERT

第四站 ●
南極洲
ANTARCTICA

photo by RacingThePlanet

抵達終點時主辦人瑪莉給我一個大擁抱，並說著：「Good job!」

photo by RacingThePlanet

一整年的壓力終於全部釋放，我做到了！真的做到了！

終點出現在雪坡下方，我已經按捺不住自己的情緒，不斷大力擺臂、奮力擺臂！大口呼氣、開始大吼往前衝，最後一百公尺！最後五十公尺！最後十公尺！五公尺！一公尺！

「喝啊啊啊啊啊啊啊啊啊啊！喝啊啊啊！」

我扯破喉嚨、用盡全身的力氣、用盡生命對著天空長聲怒吼。

「辦到了啊！陳彥博，真的辦到了啊！真的到終點了啊!!」

最後一步，好踏實，我崩潰跪地大哭，熬過來啦……終於熬過來啦……

嘶吼聲，代表著，這一年漫長痛苦賽程的結束……

哭泣聲，代表著，可以回家了……終於……可以回家了……

真的，抵達終點了……

這一整年，這一切的煎熬，這所有的壓力與痛苦，終於都結束了……

花了整整十年訓練，終於拿到總冠軍了。

這一路好累，曾經一度想放棄，但這甘苦的過程，讓我擁有不後悔的人生。在我心中，每次比賽的回憶正如潮水般湧現，清晰、鮮活地令人吃驚。每一次挫折、每一滴眼淚、每一片染血指甲的拔除、每一刻的歡笑，所有的畫面快速交疊、湧入，奮鬥了十年，沒有什麼比努力贏來的成果更甜美。

過去的，不會再重來，用最深的情感走入回憶裡，真摯感受而微笑著。為什麼有些刻苦銘心的記憶，想起來總是會令人滿足地笑，一輩子都忘不了，那是因為我們在困境中奮鬥過，告訴自己，活在當下。

南極的天空，很巧地在此時開始溫柔地飄下雪花，這是大自然給予最棒的終點禮物，歡慶過後，我趕緊換上羽絨服，卻遲遲沒有回船上休息。我獨自走到岸邊，靜靜地坐下，看著南極的雪山與冰河，還有眼前許多的企鵝與海豹，突然間，一個巨大的物體浮上水面，是鯨魚的尾巴！鯨魚隨即噴發了一口氣在空中，一切，這一切好不真實，雪越下越

大，我坐了好一陣子，終於，可以靜謐地看著眼前的一切……屏住呼吸傾聽，大自然的寧靜讓人感覺得到心跳的聲音，俯瞰海灣，靜聽冰崩，時間彷彿停止了下來，冰雪天涯，寧靜了世上所有一切。

大自然的慷慨給予，令我感受到大地的原始狂野和永恆寂靜，看見了雄偉景致的地形地貌，此刻的我覺得自己不過是顆塵埃。世界極地探險家、諾貝爾獎得主南森曾說：「靈魂的拯救，不會來自於忙碌喧囂的文明中心，它來自孤獨寂寞之處。」

意識，就是形體，
肉體，只是存在的型態。
像浪花，瞬間擁有短暫形體，然後消失。
像微風，呼嘯即逝於空間流動。
像雨水，滴滴答答的聲響，
心裡意識與自然產生微妙的共鳴。
我是風、是海、是草、是雨水，
我在這世界微不足道，
沒有人能存在一輩子，
一生，一切無常。

雪花中，這絕對靜寂充滿力量，
美得令人屏息，
包容萬物，不可汙衊，
聽見了嗎？
這寂靜大陸的聲音。
幸福不是物質的有，
而是心理寂靜的無。
此刻，我真的覺得，
我是全世界最幸福的人。

新的里程，新的開始

頒獎典禮時，我其實有些緊張。主辦單位從麥克風傳出：「這位年輕人，第一次跑超級馬拉松是在二〇〇九年，他的第一個超級馬拉松是在北印度的喜馬拉雅山脈，五天一百六十公里的分站賽，從那時開始，他跑完了世界七大洲、八大站超級馬拉松賽，而在此期間，如同我們面對生活一樣，他經歷了許多人生起伏，在二〇一一年，他被診斷出咽喉癌，嚴重的病情持續了好幾個月，卻從未打倒他，治癒後他再回到賽場，甚至訂下了更高的目標。

過去這一年他參與的這四場比賽，我看著這位年輕人用心與靈魂拚搏每一場賽事。六月份在中國的戈壁賽事，有一站氣溫高達攝氏五十四度，他倒下又重新站起，當時極其艱難痛苦地前進著，幸運地在其他跑者的幫助下回到終點線，他並非每一場比賽都獲勝，但他每場比賽都是竭盡全力，而且從來沒有放棄過，讓我向大家介紹，二〇一六年四大極地世界總冠軍，他是陳

彥博！來自台灣！」

我在眾人的歡呼聲中接下這座總冠軍獎座，一直都不太敢相信這竟然是真的，卻也覺得很榮幸，自己創下了亞洲首位總冠軍的紀錄。

三十歲這一年，是一個階段的結束，也是新的階段的開始，
身心超負荷的一年，也是成長最多的一年，
選擇這條路，這一個夢想，過程雖然痛苦，但，我從來沒有後悔。
人生值得為了一個理念去奮鬥，就算付出一切，一輩子也覺得滿足。

人生各個階段，總會有起起伏伏的不同狀態，
有山頂，也有山谷；
有歡笑，也有淚水；
有堅持，也有放棄。
但真正重要的是，如何，堅持下去。

競技運動帶給人的美好，是讓人看見永遠努力不懈的過程，
從瞳孔中感受到那份熱情、自信以及超過一萬次以上痛苦折磨的訓練，
對於極地超級馬拉松，重點不在能跑多遠、多快，
而是在於這十年的堅持，無論如何永不放棄，
在吼叫中釋放、在喜泣中成長，
這份激情，所讓人感受到的，是希望，那可以緊緊握住的希望，
運動員帶給我的這一生，是內心永遠的誠實，存在的真實。
這一輩子，我奉獻其中，奉獻給運動員的一生。
人生的重點，不在於勝利，在於努力。

生命不該輕易結束，夢想不該輕易放棄。
一切歸零，我將重新出發，追逐更大的夢。

探險追夢的精神，送給你，送給我，
送給這世代的父母，送給未來的孩子。

以及正在看這本書的你。

Pain is temporary,
Quitting lasts forever,
Run for Dream!

謝謝每一位為我加油、鼓勵的朋友，
以及一路支持我的所有贊助商，
一路陪伴著這個巨大夢想的實現，
讓總冠軍的夢得以實踐。

——陳彥博　筆
二〇一六年十一月三十日　於南極

後記

三十歲前的挑戰，克服過去自卑的自己

記得從小到大，讀國小、國中、高中、大學，英文幾乎沒有及格過。其實我很喜歡英文，卻念不好，導致也很害怕面對它。過去出國比賽時，講英文常常因為結結巴巴、發音不標準而被嘲笑，或是曾經因此拿錯裝備，而讓英國的選手火冒三丈。

英文，其實讓我有著很大的陰影和強烈的自卑感……

隨著跑向極地超級馬拉松，我接觸英文的機會開始變多了，但光是賽事的花費，存摺早已榨乾，沒有辦法請英文老師，只好逼自己不斷地自學，每天聽廣播、翻譯國外比賽網站的資料，用google翻譯學習發音，才慢慢地敢開口。過去這六年，參加了許多國際賽事，我才有勇氣主動開口說英文，雖然沒有學得很好，不過讓我在全球各地參加賽事的基本溝通上沒問題，但，我一直想要學得更好。

幾個月前，被邀請參加一個很盛大的演講，將在馬來西亞的國際會議中心，面對兩千五百人用英文演講。

天啊……我從來沒有用英文演講過，頂多用在簡單的會議，沒想到第一次英文演講就那麼多人，但……我還是鼓起勇氣答應了。

於是幾個月來一直不斷地準備，訓練儀態、表達方式、台風……對於未來、對於自己，我希望能夠不斷突破，往往練到大半夜，希望能將運動員的價值讓大家看見。

英文演講，是我給自己另一個最大的挑戰，也是三十歲前送給自己的禮物。

我總是常常對自己說：彥博，加油！

你們呢？

在飛往馬來西亞的飛機上，我緊張地不斷練習著講稿，從抵達機場前往飯店的車上、晚餐前、睡前到隔天早上起床訓練後，一直持續到下午，不斷地練習，直到上台前的短暫空檔，也不間斷。

整個行程中我沒有停止過練習，不斷地要求自己。

出發前好幾個禮拜的晚上，我都不間斷地複習，練習咬字與發音，要站在哪個位置、手勢要怎麼擺、什麼時候加強動作、眼神要注意哪裡、腰什麼時候要往前彎或挺直……

沒有老師、沒有人教我要怎麼做，只好從心理的情緒感覺中去體會。

這是我人生第一次的英文演講，在兩千五百人面前要獨自完成四十五分鐘的分享。燈一暗，麥克風一開，舞台燈照耀，我沒有多想，只想把心裡所感受到的，真誠地分享給在座的每一位朋友。當我回神時，才意識到，台下已經響起許多掌聲了……

過去求學時期英文沒有及格過，甚至一度被嘲笑，自卑到不敢說英文，但為了能夠參加世界各個極地超馬比賽，我的英文，是查google翻譯學的，因為不標準，只能夠練習、練習、再練習，而在馬來西亞，至今仍不敢相信，我真的「講完了一場英文演講」。

這是送給自己最棒的生日禮物與挑戰，
過去這些日子，用身體與心理的折磨，所換來的生活經驗，
這一切，讓我相當珍惜，知道它們得來不易，
帶著謙虛、自律、感恩的心，
一直努力到未來，遇到那更好的自己。
如果我辦得到，我相信，你們也可以。

Eurasian Publishing Group
圓神出版事業機構
圓神出版社
Eurasian Press

www.booklife.com.tw reader@mail.eurasian.com.tw

勵志書系 140

出發 • Run for Dream

作　　者／陳彥博
發 行 人／簡志忠
出 版 者／圓神出版社有限公司
地　　址／台北市南京東路四段50號6樓之1
電　　話／（02）2579-6600・2579-8800・2570-3939
傳　　真／（02）2579-0338・2577-3220・2570-3636
總 編 輯／陳秋月
主　　編／吳靜怡
專案企畫／賴真真
責任編輯／林振宏
校　　對／林振宏・歐玟秀
美術編輯／潘大智
行銷企畫／詹怡慧・徐緯程
印務統籌／劉鳳剛・高榮祥
監　　印／高榮祥
排　　版／杜易蓉
經 銷 商／叩應股份有限公司
郵撥帳號／18707239
法律顧問／圓神出版事業機構法律顧問　蕭雄淋律師
印　　刷／國碩印前科技股份有限公司
2018年10月　初版
2024年7月　14刷

定價 380 元　ISBN 978-986-133-666-4

全力以赴永遠是唯一的選項，就算是失敗也在所不惜。

——《出發・Run for Dream》

國家圖書館出版品預行編目資料

出發・Run for Dream ／陳彥博 著；

-- 初版 -- 臺北市：圓神，2018.10

248 面；17×23 公分 --（勵志書系；140）

ISBN 978-986-133-666-4（平裝）

1.馬拉松賽跑　2.自我實現

528.9468　　107014059